外国語を話せる ようになるしくみ

シャドーイングが
言語習得を促進するメカニズム

門田修平

SB Creative

本書に記載されている会社名、商品名、製品名などは一般に各社の登録商標または商標です。
本書中では®、TMマークは明記しておりません。

本書の出版にあたっては、正確な記述に努めましたが、本書の内容に基づく運用結果について、著者、
SBクリエイティブ株式会社は一切の責任を負いかねますのでご了承ください。

はじめに

　仕事で、プライベートで、また海外でも日本国内でも、必要なときに英語がよどみなく口をついて出てくる。これを夢見ている人は多いと思います。しかし現実には、英語など外国語の習得は、私たち多くの日本人にとって、これまでずっと、克服困難な積年の課題です。

　ことばの習得をめぐる、隣接諸科学、たとえば言語学、音声学、認知心理学、認知科学、脳神経科学の発展には目を見張るものがあります。また、英語など外国語の学習についての第二言語習得研究も、特にここ十数年の間にめざましい進歩を遂げ、世界的に数々の研究成果が出されています。ことばの習得について、これらの領域の成果を集約したのが、本書で提案している「インプット処理」「プラクティス」「アウトプット産出」「モニタリング」の4つのポイントです。

　他方、インプット音声をひたすら復唱するシャドーイングは、通訳、特に同時通訳のトレーニングとして、一部の学校や関係者により、熱心に実践されてきました。それが、近年さまざまなトレーニング本が刊行されるようになり、一般に広く注目されるようになりました。最近では、さまざまな大学、高等学校、各種スクールの英語クラスで実践されるようになっています。

　しかし、実のところ、シャドーイングが、英語など外国語の習得に効果があることを、学習者向けに、きちんと科学した（科学的に明らかにした）書籍はこれまでまったく見当たりません。

本書は、外国語習得の上記4つのポイントのそれぞれに、シャドーイングが極めて効果的であることを、科学的な研究成果（実証データ）をもとに示しています。そして可能な限り、外国語を話せるようになるしくみを明らかにしています。

　以上のような科学的データにもとづいた、シャドーイングによる学習法は、ほとんど「王道」と言って差し支えないでしょう。この学習方法を実践することで、実は誰にでも、英語、その他の外国語をすらすらと話せるようになりたいという夢は、実現できると考えます。本書が、みなさんの夢の実現になんらかのかたちで資するものであれば、著者としてこの上ない喜びです。

　最後に、SBクリエイティブ科学書籍編集部の品田洋介さんと風工舎の川月現大さんには、当初の企画の段階から原稿提出を経て、最終校正まで多大なご尽力をいただきました。ここに改めて厚くお礼申し上げます。

2018年5月

CONTENTS

**序章 なぜわたしたちは
外国語をうまく話せないのか?** 9
1. 外国語をマスターするのはなぜ難しい? 10
2. コミュニケーション能力とは?:
   文法能力から心理言語学能力まで 18
3. インプット処理 20
4. アウトプット産出 21
5. プラクティスの必要性:インプットと
   アウトプットはすぐにつながるのか 23
6. メタ認知的モニタリング 27
7. 外国語習得を成功に導く4本の柱:IPOM 31

第1章 まず必要なインプット処理 35
1. 第二言語習得の基本問題 36
2. 多読・多聴とグレイデッドリーダーおよび
   レベル別リーダーの活用 37
3. リスニングのメカニズム:概要 41
4. シャドーイングのインプット効果 44

**第2章 「知っている」から「使える」へ変える
プラクティス** 55
1. はじめに 56
2. 3段階記憶からワーキングメモリへ:
   記憶モデル 57
3. 顕在記憶から潜在記憶への変貌:
   プラクティスがポイント 61
4. シャドーイングのプラクティス効果 66
5. プラクティスとしての多聴・多読 73

外国語を話せるようになるしくみ

シャドーイングが言語習得を促進するメカニズム

サイエンス・アイ新書

第3章　スピーキングに必要なプロセス 77
1. 音声英語の特徴 78
2. 言い間違い（スピーチエラー） 81
3. スピーキングの認知モデル 86
4. 流暢なスピーキングを実現するしくみ 92

第4章　シャドーイングによる
　　　　アウトプット産出への効果 101
1. 復唱のルート：
   伝導失語をベースにしたモデル 102
2. シャドーイングのアウトプット効果：
   音声化段階 110
3. シャドーイングのアウトプット効果：
   言語化段階 121

第5章　外国語学習に必須の
　　　　モニタリング能力 129
1. はじめに：メタ認知とは？ 130
2. メタ認知にはどのようなものがあるか：
   知識・モニタリング・コントロール 134
3. メタ認知と前頭連合野 138
4. 実行機能と前頭連合野 140
5. バイリンガルの言語能力と実行機能：
   モノリンガル vs. バイリンガル 145
6. シャドーイング学習法の副産物：
   前頭連合野の一部活性化 147
7. 実行機能を鍛える第二言語の学習 150

SB Creative

CONTENTS

第6章 シャドーイングの効果的な実践方法 .. 155
1 シャドーイングの学習ステップ 156
2 シャドーイング学習の留意点 163
3 シャドーイング学習素材の選び方 174
4 シャドーイング音声の自己評価法 181

終章 100万語シャドーイングのすすめ 185
1 本書のまとめ 186
2 100万語シャドーイングのすすめ 189
3 最後に 195

参考文献 197
索引 203

序章

なぜわたしたちは
外国語をうまく話せないのか

1 外国語をマスターするのはなぜ難しい?

これまで外国語、特に英語については、中学・高校と6年間勉強してきたのに、人によってはさらに大学で2年間勉強したのに、英語話者の人とまったくコミュニケーションを取れなかった。あるいは、仕事でも役立たなかったという経験をお持ちの方は多いと思います。

しかし、私たちは実際に何時間勉強してきたのでしょうか? 効果的な英語学習方法について考える前に、まず知っておきたい数字として、鈴木寿一氏は「35,040 vs. 3,065」という数字を示しています[1]。

最初の数字「35,040」は母語（→Column）をほぼ習得してしまうまでに要する、おおよその時間を表しています。言葉に接する時間が1日8時間だと1年では、365日を掛けて2,920時間になります。それを小学校卒業くらいまで続けると、2,920時間×12年で、合

計35,040時間、母語に接していることになります。

　これに対し、3,065という数字は中学校から高校卒業までに日本人が英語（外国語）に接する時間（概算）です。中学校では50分授業を週4回受けるとして、これを1年間35週として、3年間の合計を計算すると、中学校では授業時間は350時間になります。

　また、高等学校で50分の英語の授業を週6回受けるとして（週5時間）、1年間35週で、3年間の合計を出すと、525時間になります。それに家庭学習を、毎日1時間、1年間365日行い（こんな人はほとんどいませんが…）、これを中高6年間休まず続けると、計2,190時間になります。

　そうすると、外国語としての英語の学習時間は、多く見積もっても、中学・高校を通して350時間＋525時間＋2,190時間で、合計3,065時間という数字が求まります。今後は小学校5年生から

> **母国語、母語、第一言語**　　　　　　　　　　　　　　**Column**
>
> 　私たちが生まれて初めて接する言語のことを**母国語**と呼びます。私たち日本人の場合は「日本語」です。アメリカで生まれ育った人の場合は「英語」になります。しかし、最近では「母国語」ではなく、**母語**あるいは**第一言語**と言うことが多くなりました。日本国内にも、日本語以外の朝鮮語（韓国語）や、アイヌ語、琉球諸語を最初に習得する人たちもいます。また、スイスでは、ドイツ語、フランス語、イタリア語、さらにはロマンシュ語という4言語が公用語です。しかし、生まれたときから日本在住の韓国人やスイス生まれのフランス人にとって、日本語やドイツ語は自分の育った国で話されている言語、すなわち「母国語」ですが、最初に接する言語ではありません。この最初に接して最初に習得してしまう言語を「母語」あるいは「第一言語」と呼んでいます。

英語が教科として入ってきますが、それでも母語を習得するときと比べて英語には**10分の1以下**の時間しか接していないことになります。このように母語習得と外国語学習では、対象とする言語に接する時間に大きな開きがあります。

さらに母語の習得では、外国語学習と異なり、言葉をすでに知っている別の言語に訳したりはしません。学習対象の言語を常に見たり聞いたりしています。これに対して、日本の英語学習の現場では、学校の授業中や家庭学習でも、英語にあまり接しないでひたすら日本語訳を作ったり、意味内容を日本語訳で理解したりすることがあります。厳密には、この時間は英語だけに接しているわけではないので、そのような時間を差し引く必要があります。そうすると、母語習得と外国語学習との接触時間の差はさらに拡大してしまいます。

これまで見てきた理由以外にも、英語をコミュニケーションでなかなか使えるようにならない理由があります。それは、コミュニケーションにおいては「多重処理」という現象が当然のようにみられることです。つまり、コミュニケーションにおいては、さまざまな処理プロセスが**同時並行的に**進行しているのです。

現在に至るまで、中学校や高等学校の英語学習の目的はコミュニケーション能力の育成にあります。文部科学省が定めている学習指導要領では、一貫して「外国語によるコミュニケーションにおける見方・考え方を働かせて、『聞く、読む、話す、書く』の言語活動を通じて、コミュニケーションを図る資質・能力の育成」を目標に掲げています。また、2011年から始まった小学校英語活動も、2020年からスタートする教科としての英語でも、「外国語によるコミュニケーションにおける見方・考え方を働かせて、コミュニケーションの基礎となる資質・能力の育成」を掲げていま

す。いずれも、コミュニケーション能力を育成することは一貫しています[2]。

現在、多くの日本人が、実際に英語を話したい、コミュニケーションがしたいと願い、それがとても重要であると考えています。「世界のさまざまな人と話をしたい。そして一緒に考えたり、仕事をしたい」「今日のグローバル社会では、日本がアジア、欧米など他の国々とは別に、独自の道を歩むなんてことはできない」「憲法の改正をしない限り、紛争解決の手段として武力の行使は放棄している以上、言葉によるコミュニケーションは自国を守るのに必須だ」などといった具合です。

普段私たちは、このコミュニケーションという行為が、一体どのように進んでいるのか、その中身がどのようなものかをほとんど意識することはありません。それでも、家庭で、学校で、仕事先で、電車・バスの中で、さらには飲み会や、趣味の会など、さまざまな場面や状況の中で、母語（日本語）によるコミュニケーションを実行しています。

「理解・概念化・発話」の3重処理

しかし、ここで立ち止まってちょっと考えてみてください。すると、はたと気づくことがあるはずです。それは、このコミュニケーションにおいては、さまざまな処理プロセスが、同時並行的に進行していることです。そして、それが日常的で当たり前だということです。

一例を挙げましょう。友だち同士の会話です[3]。

> A：今度の土曜日に友だちの家でパーティをやるよ。
> B：ごめん、その日はすでに妻と食事に行く約束をしているんだ。

　この短いやりとりにおいても、複数のプロセス（処理）がほぼ同時進行で生じています。プロセスをどの程度細かく分割するかによって変わりますが、少なくとも次の3つのプロセスがほぼ同時進行で生じています。

① 話し相手の発話を聞いてその発話の文字どおりの意味を理解し、その上でその発話の意図を解釈する　理解

　このためには、相手の発話した音声を知覚して、その上でその発話の意味を把握しなければいけません。さらに、聞き取った相手の発話を知覚し、その発音を認識するだけでなく、どの単語が主語でどの単語が目的語であるかといった文の文法構造も把握しなければなりません。「のどがかわいたね」という発話であれば、文字どおりの意味だけでなく、実際には相手は自分を誘って飲み物を飲もうよという発話の意図を理解することが求められます。

② 理解した発話の意味や相手の意図をもとに、どのように反応（返事）をするか考える 概念化

たとえば、断る場合を考えてみましょう。この場合は、直截に言う、やや遠回しに間接的に言うなど、どう反応するとこの相手には適切であるかを思いめぐらすことが必要です。場合によっては、はっきりとNOが言えない人もいるかもしれません。このようにして発話するメッセージの内容を決定することを概念化と呼びます。

③ 言うべき内容（メッセージ）が決まったら、それを言語化して、発音して産出（アウトプット）する 発話

このとき、どのような単語や構文（文法構造）を使うかといったことを決定し、瞬時に発音する必要があります。発音をスピードアップして速く言うか、ゆっくりと話すかによっても、相手に与える印象は変わってきます。

上の友だち同士の会話は日本語での例ですが、英語でも基本は同じです。

> A: We have a party at my friend's house next Saturday.
> B: Sorry, on that day I have plans to go out for dinner with my wife.

私たちは母語を使っているときは、日常的に上記の3つのプロセスをほとんど意識せずにこなしています。

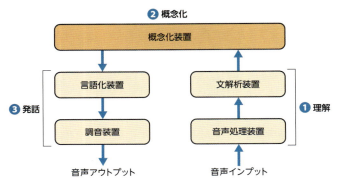

図 0-1　コミュニケーションにおける「理解・概念化・発話」の3重処理のイメージ[4]

　私たち日本人の場合を考えると、母語（日本語）でのコミュニケーションでは、❷の概念化のプロセスは別にしても、❶**理解と**❸**発話はほぼ自動的**に反応できます。したがって、3つのプロセスの同時進行といっても、母語では意味内容に関わる❷だけに意識を集中していればそれで十分です。❶や❸であれこれと思いをめぐらす必要はありません。

　しかしこれが外国語（英語）でのコミュニケーションであれば事情は一変します。ある程度、聞いて理解するリスニングなら少々速い速度でもついていける、スピーキングでも自身のペースでゆっくり発話するだけなら問題ないレベルの人でも大変です。理解（リスニング）、発話（スピーキング）といった単体の処理ならできても、瞬時に3重のタスクを同時進行させなければならないコミュニケーションでは、すぐに立ち往生することになります。ましてや、熟慮を要するような内容について返答しなければならないときは、もう太刀打ちできずお手上げ状態になってしまいます。

実は、英語（外国語）がかなり堪能だという人でも、英語でのコミュニケーションをリアルタイムで行っている場合、上記のような状況は経験済みではないかと思います。とりわけ、英語にあまり自信のない人の場合、簡単な会話でも、容易にこのような状況に陥ることが予想できます。

私たち日本人が、外国語（英語）のコミュニケーション能力を身につけるのがなぜ困難なのかについて、その主な理由として次の2点を挙げて説明しました。

① 接する時間（＝学習時間）の差違
② コミュニケーションの同時並行処理

これ以外にも、しばしば挙げられるのが、

③ 母語（日本語）と学習対象言語（英語）の言語距離

の問題です。言語距離ももちろん重要な理由です[5]。たとえば、オランダ語と英語であれば、単語や、発音・文法などがさまざまな面で似ていて、言語的に距離が近いと言えますが、日本語と英語ではそうではありません。

さらに、ほかの理由も色々と指摘されています[6]。ただ、特に①②は今後の学習法を考え直すことで、大幅な改善が見込めます。また、③は私たち日本人にとっては克服不可能な理由ですが、見方を変えれば、実は、異質の言語に触れることは大脳の活性化を招き、認知症の発症を遅らせるといった恩恵を得られるメリットもあるのです[7]。

2 コミュニケーション能力とは？：文法能力から心理言語学能力まで

では、このような「多重処理がこなせるコミュニケーション能力」を習得するには何が必要なのでしょうか。かねてより筆者は、コミュニケーション能力を構成する極めて重要な要因として、「心理言語学的能力」を提案しています[8]。

一般に、これまで次の4つがコミュニケーションに必要な能力だと考えられてきました。

① **文法能力**：文法知識にもとづいて、正しく文を理解し、正しい文を産出する能力。
② **社会言語学的能力**：状況や文脈に合致した言葉を使用する能力。
③ **談話能力**：一貫した文章（テキスト）を生み出すための、指示詞（代名詞）、言い換え、省略などを駆使できる能力。
④ **方略的能力**：たとえば、適切な単語が思い出せないときに、それに何とか対処するために、言い換え、繰り返しなどのストラテジー（方略）を使ってその場を切り抜ける能力。

筆者は以上の①〜④に加えて、次の⑤心理言語学的能力を含めることが必要だと強調してきました。

⑤ **心理言語学的能力 (psycholinguistic competence)**：コミュニケーションに支障をきたさないための認知的な流暢性を伴った処理能力。

　⑤の説明で述べている「流暢性」については、一定の時間内（最大限1秒以内、通常は400〜500ミリ秒程度）に**素早く (fast)**、しかも**安定して (stable)** 反応する、自動化した処理を行う能力だと規定しています。

　この心理言語学的能力の獲得は、語彙や文法の知識が豊富で、読解力や英語作文力をある程度身につけ、学校で英語が得意だと言われ、また思ってきた人でも、なかなか達成できていない能力です。このような能力はいかにして獲得できるようになるのでしょうか。

　この心理言語学的能力の獲得のために、本書が提案するのは、次の4つのポイントです。

- インプット処理
- プラクティス
- アウトプット産出
- モニタリング

この4つの能力を獲得するときに、特に効果が高い学習法が、インプット音声をひたすら復唱する**シャドーイング**（shadowing）の練習です。本書では、上記の4つのそれぞれを、「シャドーイングの」**インプット効果、プラクティス効果、アウトプット効果、モニタリング効果**と呼ぶことにします。

　本題である「シャドーイングの4大効果」について解説する前に、上記の4つについて簡単に概観しておきましょう。まずは、インプット処理とアウトプット産出から見ていきます。

3 インプット処理

　皆さんは、クラッシェン（S. Krashen）という外国語教育学者の名前を聞かれたことがあるでしょうか。クラッシェンは、現在の学習者の学力レベルを仮に「i」とすると、必要な言語インプット（学習教材）は、「i + 1」という、それよりも若干上回るレベルの「理解できるインプット」が最適であるという「**インプット仮説**（理論）」を提唱しました[9]。

　インプット仮説では、私たちの頭の中の脳内学習システムが外国語習得に向けてうまく働くためには、語彙・文法などの未知の言語形式がごく少量だけ含まれてはいるものの、それらの意味内容はほかの言語情報から明らかに推測が可能な「i + 1」というインプットのレベルがよいとしています。そして、そのレベルを厳密に統制することが必須で、そのようなインプットをどれだけ大量に摂取できるかが外国語習得の最重要ポイントであると指摘しました。大量インプットが保証されれば、それだけで言語習得は達成できる、すなわち、大量インプットこそが外国語習得の「必要条件」であり、同時に「十分条件」であると仮定したのです[10]。

しばしば、巷でも、英語などの外国語をマスターしたいのなら、その言語が話されている国（英語の場合はアメリカ、イギリスなど）に留学したり、滞在したりするのが最もよいと言われますね。この意味は、実はそうすることで、一般に多量の言語インプットに遭遇するチャンスがあるというのが、このインプット仮説が示唆するものです。

　また、最近さかんに取り沙汰されている「多読」や「多聴」の学習法もほぼ同じような考え方です。外国語の習得に不可欠なインプットとしておおよそ100万語程度が対象言語の文法を操り、文の理解や生成を自動的に行うための大前提だと述べ、自らのレベルにあった大量のインプットを言語学習システムに提供することが絶対的条件であるという考え方をしています。

　外国語（英語）学習を成功に導く**第1のポイント**は、いかにして「インプット不足」を解消して、大量のかつ適切なレベルのインプットを処理できるような状況を用意するかという点です。

4 アウトプット産出

　クラッシェンのインプット仮説（「インプット理論」とも呼ばれます）に対して、スウェイン（Swain）という言語教育学者は、カナダでの英語・フランス語バイリンガルプログラムの指導経験をもとに、次のような「アウトプット仮説（理論）」を提唱しました。

　ご存じのとおり、カナダでは英語・フランス語という2言語を公用語として併用しています。そこでは、バイリンガル教育の一部として、子供のときから母語とは違う第二言語で科目を教えるイマージョン・プログラムが実践されてきました。スウェインは、このプログラムの学習者は豊富な第二言語インプットが与えられ

ても、実際にスピーキングなどのアウトプットの機会がないと、意味がわかるようにはなっても、正確に文法を操作する能力は身につかないと指摘しました。そして、学習者がスピーキングなどアウトプット活動の機会を十分に持つことが第二言語（外国語）を正確に使い、流暢性や自動性を身につけるのに必須であると主張したのです[11]。

この考え方が、アウトプット仮説と呼ばれるものです。この仮説（理論）を先にお話ししたインプット仮説（理論）とともに提示すると図0-2のようになります。

図0-2の中にある「学習システム」とは、私たち誰もが頭の中に持っている、外界からの情報を取り込んで知識として記憶・学習するしくみです。インプット仮説が、この学習システムに理解可能な i＋1 のインプットを大量に提供するだけで、その言語の能力が身につくと仮定しているのに対し、アウトプット仮説は、インプットの理解にアウトプット活動をプラスすることが必須だと考えている点が異なります。

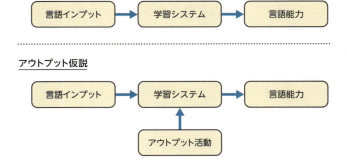

図0-2　インプット仮説（理論）とアウトプット仮説（理論）のイメージ[12]

この仮説によれば、アウトプット活動によって特に次のような効果があると言われています。

- 自分の現在の言語能力で理解できることと、理解できるけれど表現できないこととのギャップに気づく。
- アウトプットすることで、話し相手（聞き手）の側からの反応（フィードバック）を受けることができる。
- アウトプットすることによって、文法など言語の形式的特徴について意識的に考えることができる。
- 外国語の文法などの言語形式に着目するようになり、理解する能力もさらに伸びる。

皆さんはどう思われますか？ 外国語（英語）学習成功の**第2のポイント**は、実際に話すための、アウトプットのための、言語知識（語彙、表現、文法など）をどれだけ蓄えて、それらを自動的に使用できる流暢性を備えることができるかという点です。

5 プラクティスの必要性：インプットとアウトプットはすぐにつながるのか

これまで見てきたインプット仮説とアウトプット仮説の2つが、第二言語習得研究の観点から唱えられてきた代表的な理論です。

ただ、これら以外に「**インタラクション**」もあります[13]。これは、日本語では、「相互作用」「相互交流」仮説などと訳されます。言語インプットの理解を深め、第二言語（外国語）習得をさらに進めるのは、学習者同士の交流（インタラクション）だという考え方です。

> A: You should'n've eaten so much ice cream.
> 　（アイスクリームを食べ過ぎてはいけなかったよ。）
> B: Sorry?（えー?）
> A: You should not have eaten so much ice cream.
> 　（君はアイスクリームを食べ過ぎるべきではなかったよ）

　たとえば上記のようなインタラクションで、BはAの発話が少しおかしいと感じたので、聞き返しています。そして、修正された発話が行われています。簡単な例ですが、要はこの種のインタラクションを通して、学習者Aが把握していた独自の第二言語のルール（文法規則など）が正確であるかどうかチェックされ、第二言語の習得が促進されるというのです。

　ただし、このインタラクション仮説は、あくまでもインプット仮説やアウトプット仮説が前提になっています。上の例のようなインタラクションは、インプット処理がほぼできるようになり、さらにアウトプット産出が一定レベルに達して初めて可能になります。修正の対象となる、一定のレベルのアウトプット能力がその前提になっているのは間違いありません。要は、リスニング能力と一定のスピーキング能力が前提となっています。このような難点があるため、理解できるインプットを大量に受けるだけでは、インタラクションの前提となるようなアウトプット能力が身につくとは考えられないというのが筆者の考えです。

　本書では、インプット処理と、インタラクションを含むアウトプット産出をつなぐ、**プラクティス**（practice：**反復練習**）が重要であることを強調したいと思います。特に日本人学習者は、学習対象の外国語（英語）が日常的に使われる環境ではなく、さらに英

語とは言語距離も極めて大きい言語（日本語）を母語にしています。このような条件下で英語を学ぶ場合には、特にこのプラクティスを十分に行うことが重要です。プラクティスは、理解した素材を、アウトプットにつなぐいわば「リハーサル（予行演習）」の役割を果たしてくれます。言い換えると、外国語（英語）を「知っていること」から「使えること」に変貌させるために不可欠な学習です。

　たとえば、皆さんがゴルフをはじめたとします。その際に、ゴルフの解説本を読んだり、ビデオ（DVD）を見たり、まわりの人のスイングを見たりして、どのようにゴルフボールを打てばよいか理解したとします。その段階でいきなり、ゴルフ場に出て、フルコースやハーフコースをまわることがあるでしょうか？　少なくとも、自身のスイングを鏡で見て、何度も素振りを繰り返しますよね。コースに出る直前には、練習場（打ちっ放し）で打ってからコースに出ますよね。そうしないといきなり実践（本番）はきつ

いものです。

　これは何もゴルフに限ったことではありません。野球でも普段からバットで素振りをしたり、ティーバッティングをしたりします。また、試合でバッターボックスに入る前には、ほぼすべての打者が素振りをします。発話（スピーキング）の場合もそうです。講演会などで多くの人のいるところで、講師に対して質問をする場合を想像してみてください。どういう質問をするかその内容が決まっても、事前に小さな声に出して、あるいは頭の中で言ってみることはよくやりますね。そうして、大丈夫だと確信してから手を挙げて質問します。これは英語（外国語）でなくても、母語でも、筆者などはいつもやっています。リハーサルをしないと、あがってしまってうまく質問できるかどうか不安になるからです。

　日本語と英語の言語距離の大きさや、英語が身のまわりで日常的に話されていない「外国語学習環境」では、英語のインプットを継続的に受けるだけでは、インタラクションが可能なレベルのアウトプット（スピーキング）能力がつくとは考えにくいことがわかると思います。そうすると、インプットをアウトプットにつなぐリハーサルであるプラクティスを十分に積むこと、すなわち繰り返し練習（反復プライミング）が、英語のアウトプットにもとづくインタラクションが効果を発揮する前に必須なのです。

　以上お話しした、プラクティスこそが、コミュニケーション活動における「理解」と「産出」の溝を埋め、それらの技能の自動性を高めて円滑に実行する「心理言語学的能力」を身につけるための最重要ポイントです。これが、外国語（英語）習得成功の**第3のポイント**です。

6 メタ認知的モニタリング

　以上の3つのポイント以外に、実はもうひとつあります。それが「メタ認知的モニタリング」、略して「モニタリング」です。

　皆さんは、メタ認知と聞くと、まず「メタ」なんて言葉は聞いたこともない、どんな意味なのかと思われるかもしれません。多くの電子辞書に搭載されているジーニアス英和辞典で「meta」を引くと、次のような訳語が載っています。

【meta】
1　…の後ろの；…を超越した；…より高度な；すべての…
2　場所・状態の変化
3　…の間の
4　〔化〕メタ…《メタ位の；[略] m-》.

　ただ、これらの訳語のうち、どれが求める意味であるか、もうひとつよくわかりません。そこで次に、ウェブスター英英辞典を引くと、意外に簡単に「1 : change　2 : more than : beyond」という英語での言い換えが出てきます。そうすると、ウェブスター英英辞典の2番目の意味が当てはまりそうだと想像できるのではないでしょうか。

　そうです。「メタ」とは、「より高度な・上位の、超越した」という意味で、「メタ認知」とは、「認知を超越したより上位の認知」といった意味になります。言い換えると、「自分の行動・考え方などを、第三者的に把握しようとするさらに上位の認知システム」ということになります。本書の目的である第二言語（外国語）の習

得との関連で言うと、「第二言語の処理や学習をしている自分自身の認知の状態を客観的な、第三者的な眼から見て認識する活動」ということになります。

メタ認知能力の重要性

　いかがでしょうか。何となくピンとこられたでしょうか。このようなメタ認知能力は非常に大切で、私たちが英語など外国語で意味を理解したり、習得したりする際になくてはならない能力です。どういうことか、一例を挙げましょう。すでに説明した、多重（3重）の処理が求められるコミュニケーションのケースです。

　あらかじめ準備した内容を英語でスピーチすることはできても、3〜4人の英語母語話者との何気ない普段のやりとり（会話）についていけないという日本人学習者は多いと思います。話題になっているトピックはほぼ理解できているし、それについて自分がどのように考えるか、自身の意見も持っているとします。それでも、なかなかやりとりに加われない、別に気後れしているわけでもないのに、発話するタイミングがつかめない。いきおいそんな努力は放棄してしまい、やがてひたすら聞き役にまわってしまう、そんな経験は多くの人が共通して持っているのではないでしょうか。

　この状況を克服しようとするとき、このメタ認知能力が重要になってきます。まずは会話術や会話相手に関する知識を活用することです。そして、いかにして会話に入っていくか考えます。

　今話している相手に視線を合わせる（よそ見していると会話する意志はないとみなされます）、相手の話を聞いているよということを示すためにあいづちを入れる（例：Oh, really? That's so funny. など）、これから自身の意見を言うよというきっかけとなるような言葉を言う（例：I agree with you on this point but….など）などと

いった、英語コミュニケーション関連の本で得た情報や、これまでの自身のコミュニケーション体験などから得たコミュニケーションに関する知識（「**メタ認知的知識**」）を検索します。

話をしている相手の人についてのメタ認知的知識も重要です。話している相手がいかなる立場の人でどのような性格の人か、会話に参加している他のメンバーとの人間関係は緊密かどうか、その中で自身はこれまでどのように思われ評価されてきているかといった知識です。

このような準備作業を経て、現状のコミュニケーション状況の分析を行います。たとえば、こんな具合です。

(a) 実際にどんなテーマで話が進んでいるのか、まったく把握できない状況にある。
(b) 話のテーマは把握しているし、おそらくはまわりが賛同してくれそうな考え（意見）も持っている。しかし、どうも会話に加

わろうとするタイミングを逸している状況だ。

　このように、まずは現状のコミュニケーションに関する状況把握が必要になります。これを「**メタ認知的モニタリング**」と言います。

　こうして初めて対策が見えてきます。もし (a) の状況なら、外国語 (英語) でのコミュニケーションはあきらめて、通訳をしてくれそうな人を連れてきて頼むしか手がなくなってしまいます。

　(b) の状況なら、いくつかの対応を思いついた中で、どれが実際に有効なメタ認知的知識かを検討します。そして、まずは相手の話をよく聞いてあいづちを打つ、そして相手と視線が合ったら即座に話しはじめよう、前置きからはじめるのではなく、賛成か反対かなど話のポイントを先に表現しよう。これらのコミュニケーション (会話) に参加するための方略を実行します。これを「**メタ認知的コントロール**」と言います。

　以上簡単にお話ししたメタ認知については、第5章においてさらに詳しく解説します。本書のような「外国語を話せるようになるしくみ」について学ぶ本が重要なのも、実はこのメタ認知能力の育成と関係があります。ポイントとしては、大きく次の3つがあります。

① 外国語 (英語) 学習について、これまでの関連領域の科学的な成果にもとづいた**メタ認知的知識**を吸収すること

② 英語を読んだり書いたりは得意だが、英語の聞き取りや会話は不得意など、自身の外国語 (英語) 能力の現状を把握 (**メタ認知的モニタリング**) すること。

③ そしてその結果をもとに、解決策・打開策を模索して実行（**メタ認知的コントロール**）する力をつけること。

　これらは外国語習得において極めて重要なポイントです。これが、今までお話しした「インプット処理」「プラクティス」「アウトプット産出」とともに、外国語（英語）習得の成否を決定する**第4のポイント**になるのです。

7 外国語習得を成功に導く4本の柱：IPOM

　母語（第一言語）の習得に失敗する人はまずいません。これに対して、外国語習得に成功する、つまり母語話者に近いレベルまで使えるようになる人（完全バイリンガル話者[14]）もまれでしょう。いわば大半の学習者がなかば成功あるいは部分的に成功という「中間言語段階」にいると言えます。

　この状況を大幅に改善して、可能な限りバイリンガル話者に近づくための議論は、これまでにも数多くなされてきました。本書はこれまでの議論を総括して、「インプット処理」「プラクティス」「アウトプット産出」「モニタリング」を外国語習得のキーポイントとしています。すなわち、アイピーオーエム**IPOM**[15]です。外国語（第二言語）の習得・学習のキーポイントです。そして、これら4つのポイントとなる学習を支え、それらの学習を促進するのが、「シャドーイング（shadowing）」のトレーニングです。シャドーイングが、これら4つをいかにして促進するかについて、概略的に示すと次のとおりになります。

① 聞こえてきた英語の音声を捉える能力（音声知覚）を鍛え、その結果として、英語のリスニングを向上させる「インプット効果」（第1章）
② 耳や目を経て知覚した英単語・英語表現・構文を声に出して繰り返し、その結果、声に出さないで心の中でリハーサル（内的反復）する力を鍛え、意識的に検索しなくてもすぐに取り出せる知識として覚え込んでしまい、内在化できるようにする「プラクティス効果」（第2章）
③ スピーキングにおける文発話のプロセスを一部シミュレーション（模擬的実行）し、結果的にスピーキング力を向上させる「アウトプット効果」（第3・4章）
④ これまでの第二言語習得研究の成果や自身の学習経験で得た知識（メタ認知的知識）にもとづき、自身の言語能力の実態把握（メタ認知的モニタリング）を行い、さらに今後の学習法を調整（メタ認知的コントロール）する力を支える「（メタ認知的）

モニタリング効果」(第5章)

　これまでの研究成果から、シャドーイングトレーニングによる上記の効果は、①②③についてはおおよそ「インプット効果→プラクティス効果→アウトプット効果」の順に出現することが予想できます。そして、④のモニタリング効果は、これらすべてを支えるようなしくみになっています。この①〜④の関係については、本書の終章で再度取り上げます。

　それでは、「外国語が話せるようになる(使えるようになる)しくみ」について、ステップ・バイ・ステップにじっくりと考えていきましょう。

注
1　門田 (2012：21-22) を参照。母語および英語 (外国語) の学習時間を概算。
2　以上の学習指導要領については、『英語教育』増刊号 (2017：62-72) や文部科学省のHPを参照。
3　門田 (2015：14) を参照。
4　門田 (2015：16) を参照。
5　門田 (2015：329-333) を参照。
6　門田 (2012) の第1章を参照。かなり詳細に解説している。
7　英語・日本語のバイリンガルを目指した結果予想される、認知症にかかりにくいなどの効用については、門田 (2015：319-329) を参照。
8　門田 (2012：303-310) などを参照。
9　Krashen (1985) を参照。
10　クラッシェンは、理解できるインプットだけで、外国語習得の必要十分条件であるとしたが、その後の研究者からは、アウトプットやインタラクションなどが必要だという指摘が相次いだ。
11　Swain (1995) など。
12　門田 (2015：28) をもとに作成。
13　Long (1996) など
14　第二言語が母語と同程度まで熟達した人で、等位バイリンガル (coordinate bilingual) と呼ぶことも多い。
15　Input Processing、Practice、Output Production、Monitoringの頭文字を取ったもの。

第 1 章

まず必要なインプット処理

1 第二言語習得の基本問題

　英語など第二言語（外国語）の学習や教育に関わる、解決すべき基本問題として次の2つが重要です。次の図1-1を見てください。基本問題の1つは、本章で取り上げるインプット素材をどのようにするかという課題、もう1つはインプットした情報をいかにして皆さんが情報として受け取って学習するか、すなわちインテイク（内在化）するかという課題になります。

図1-1　第二言語学習の基本問題[1]

　基本問題1は、言語インプットをどうするかという課題で、外国語に接する時間が少ないことについては、序章でも少し触れました。要は、「インプットの量と質」の問題です。言い換えると、どれだけ大量の適切なレベルのインプットを受け取ることができるようにするかという課題です。

　基本問題2は、私たちの頭の中にある学習システムをいかにしたら効果的に・効率よく機能させられるかという問題です。本書が推奨しているシャドーイングというトレーニングは、私たち誰もが持っている脳内学習システムを活性化するのに極めて効果的であることが、これまでに明らかになっています。

　これら2つの基本問題に関連して、第1章では、まず大量のや

さしいインプットによる学習（潜在学習）を可能にしてくれる「多読・多聴」の効果について説明します。特に、多数の実証研究がある「多読」に焦点を当てたいと思います。

　次節では、最初に、シャドーイングの持つインプット効果、すなわちシャドーイングのトレーニング効果がリスニング（聴解）について発揮できる、そのしくみを概観します。そしてシャドーイングが、これまで私たちヒトが進化の過程で発展させてきた「模倣・再現」能力を活用して、外国語のリスニングを促進してくれることを示します。あわせて、関連する隣接科学の研究成果についても紹介していきます。

2 多読・多聴とグレイデッドリーダーおよびレベル別リーダーの活用

　「多読・多聴」とは、読みやすい、聞きやすい、やさしいレベルのストーリーを楽しみながら、大量に読んだり聴いたりする学習法を指します。序章で紹介したクラッシェン[2]の比喩を借りると、「i + 1」ではなく、「i − 5」「i − 10」のような、学習者の現在の学力レベルよりも下の教材を興味に応じて多く読む（聴く）学習法ということになります。

　一般に多読学習は、元の物語をやさしく書き直した段階別読み物（グレイデッドリーダー[3]）を使って行います。また、多読は楽しんで多く読むこと自体に意味があるので、学校の授業に導入する場合でも、読んだあとで内容を正確に理解したかどうかを確認するような問題を出すことは避けます。せいぜい「この本を友だちに読むのを勧めますか？」「それはなぜですか？」などのブックレポート程度のチェック課題を与えるだけにとどめます[4]。

この多読を積極的に英語学習に活用しようとする手法として「100万語多読」があります[5]。一般に私たちは、「勉強」とは一生懸命集中して行わなければならない、どちらかというと苦しいものというイメージを持ちがちです。これに対して、多読による学習は、原則、辞書も引かず、楽しんで内容を理解する学習法で、わからないところは飛ばし、つまらなければいったん読むのをやめて後回しにするのをモットーにしています。次の三原則が基本となっています。

原則1：英語は英語のまま理解する
原則2：7〜9割の理解度で読む
原則3：つまらなければ後回し

　多読学習用の図書としては、「Oxford Reading Tree」（総語数350語）や「Longman Literacy Land」（総語数200語）など、非常にやさしい本（読みやすさレベル0）を用意します。やさしすぎると学習する意味がないのではないかと思うかもしれませんが、読んだ瞬間に意味がすぐわかることを実感することが重要で、これが最初の動機づけとなります。なお、多読用のグレイデッドリー

ダーは、10段階の読みやすさレベル（YL）が設定されている[6]ので、そのうち多読に適したYL0（必要語彙レベル200〜300語）からYL6（必要語彙レベル5000語）の教材を使うことになります。

英語多読プログラムの効果

小学校・中学校から英語多読プログラムを開始することの効果を示す研究を紹介しましょう[7]。

この研究で対象としたのは、次の3つの群（グループ）でした。

① 中学校入学後に多読による英語学習をはじめた生徒
② 多読による英語学習を小学校から開始した生徒
③ 英語多読をしていない通常の高校生1年生

そして、Basic Assessment of Communicative English（BACE）という高校1年生用の英語テストの成績を比較しました。表1-1に結果をまとめています。

表1-1　多読群中学生と非多読群高校生の英語

	多読群① 中学1年生	多読群② 中学1年生	多読群① 中学2年生	多読群② 中学2年生	通常群③ 高校1年生
リスニング	61	69	74	84	52
文法・語彙	42	51	59	75	51
リーディング	51	63	68	88	45
合計	154	183	201	247	148

※リスニング、文法・語彙、リーディングは100点満点、合計は300点満点

多読群中学生（①②）と非多読群高校生（③）の英語学力テスト結果を示す。その結果、(1) ①②の多読群は、中学2年生の段階で、リスニング、リーディング、文法・語彙のいずれにおいても、③の高校1年生を大きく上回っていること、(2) 中学校から多読を開始した①群が中学1年生だった時点では、文法・語彙力には目立った効果は現れず、むしろ先にリスニング、リーディングなどの言語理解能力が発達し、その後、文法・語彙力などの英語の知識が身につくようになること、がわかった。

この結果で特筆に値するのは、結果(2)が、自然な母語習得の学習順序と同じである点です。大量インプットにもとづく多読による学習法が、母語の習得に近似したプロセスをたどることが明らかになっているのです。

　また、大学生を対象に多読学習とシャドーイングを併用した学習法の効果を調べたのが次に紹介する実践研究です[8]。この研究では、次のようにクラス分けされていました。

① 伝統的な文法訳読式のリーディング授業を受けたA1群とA2群
② 多読学習を主に行った22人（B群）
③ 多読＋シャドーイングの授業を受けた20人（C群）

　そして、SLEP (Secondary Level English Proficiency Test) のリーディングテストが、学習開始時点（事前）、1学期終了時点（事後①）、2学期終了時点（事後②）の3回実施されました。結果を図1-2にまとめています。

　このグラフからもわかるように、多読＋シャドーイングの学習法が、4クラスの中で、最もリーディング力の育成に効果が期待できることを示唆しています。

多聴の学習素材

　ここでは、主に多読についてその効果を紹介しましたが、多聴についても1つアドバイスがあります。皆さんの興味関心に応じて、さまざまな素材にチャレンジされるのはもちろん問題ありません。ただ、多聴の場合でも、多読同様にi-5やi-10のとても簡単な素材を選ぶようにしてください。多読用のグレイデッドリーダーの付属CDを活用して、多聴を楽しむ方法がベストでしょう。

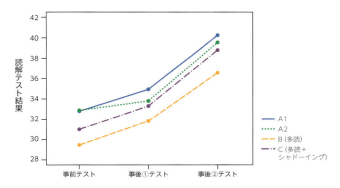

図 1-2　事前、事後①、事後②における A1・A2 群、多読（B）群、多読＋シャドーイング（C）群の比較

事前、事後①、事後②における A1・A2 群、多読（B）群、多読＋シャドーイング（C）群を比較した結果を示す。結果的に、どの学習法でも、事前から事後②テストへの伸長度にはっきりとした違いはみられなかったものの、多読＋シャドーイングの学習法が、その中でも最も大きな伸びを示すことがわかった。事後②から事前を差し引いた値は次のとおり。A1：7.76 点、A2：6.83 点、B：7.35 点、C：8.04 点

　現在は、多読・多聴、シャドーイングの通信講座などもネットにて提供されています。大いに活用してください（第 6 章参照）。

3 リスニングのメカニズム：概要

　母語であれ外国語であれ、音声言語を聞いて意味内容を理解するリスニングには、一般に次の 2 つのプロセス（段階）があります。

- 音声知覚
- 意味理解

　「音声知覚」は、耳から聞こえてきた音声を、心の中（脳内）の

言語処理システムにインプットする段階です。どんな音声が聞こえてきたかを知覚します。たとえば、聞こえてきた音声を頭の中で、/whɑtdɪdʒəseɪ/ (← What did you say?) などと発音で表すことです。

それに対して「意味理解」のほうは、文の意味内容を、さまざまな情報を総合的に分析して引き出す段階です。意味理解のためには、次のような処理を行う必要があります。

(1) **語彙処理**：メンタルレキシコン（頭の中に蓄えている語彙情報で「心的辞書」と言うこともあります）から、聞いた単語の発音、意味、文法などの情報を検索して、単語の意味を把握すること。
(2) **文法処理**：文構造の把握のために、主語・動詞・目的語 (SVO) などを特定したり、関係詞節や副詞句の役割・機能などを明らかにしたりすること。
(3) **意味処理**：たとえば、Green idea sleeps furiously. (緑色のアイデアが激しく眠る) といった文は、文法的には可能でも意味的にあり得ないなど、意味内容が矛盾なく、整合性があるかどうかを判断して意味解釈すること。
(4) **文脈処理**：前後の文脈（コンテキスト）の内容と照らし合わせて、処理しようとしている文の意味を特定する手掛かりを得ること。
(5) **スキーマ処理**：処理しようとするテキストに関連して、頭の中に持っているさまざまな一般常識（これをスキーマと呼ぶ）など関連する背景情報を活用して、意味解釈を行うこと。

たとえば、<u>Time flies like an arrow.</u> (光陰矢のごとし) という文

の下線部は2通りの分析が文法的には可能です。

① Time（主語：時）+ flies（動詞：飛んでいく）+ like（前置詞：～のように）
② Time flies（主語：時蝿）+ like（動詞：好む）

　しかし、Time flies（時蝿）などという蝿（ハエ）は存在しないという、スキーマと呼ばれる一般常識にもとづく判断が①の分析をここで採用する決め手になります。

　リスニングはこのようにみると、実は簡単な過程ではないことがわかります。このような音声知覚や意味理解における操作は、実は、上で述べたような順番で1つずつ実行していくとは考えられません。ほぼ同時並行的に進行していきます。そのため、一部の情報が欠けていても、たとえば音声知覚がたとえ不十分でも、文脈処理やスキーマ処理などの意味理解に含まれるさまざまな処理が、音声知覚の不十分さを補い、適切な意味理解を引き出してしまうケースも多いのです。

　そうすると、音声知覚が不十分で把握できない発音があっても、理解段階からの推測で、発話の意味理解が完了してしまうことも珍しくありません。ところが、シャドーイングのタスクは、インプットの意味が理解できただけでは、達成できません。音声インプットの知覚のほうに常に注意を集中しておき、すべての単語、音節、発音を正確に捉えていないと実行できません。このことから、単なる意味理解のためのリスニングとは異なる、音声の正確な知覚そのものを鍛えるという、シャドーイングの効果が出てきます。

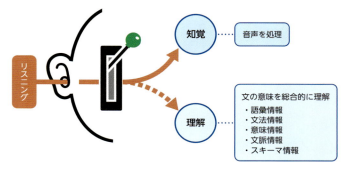

図1-3　シャドーイングで、注意のスイッチを知覚にセットしつつ、インプット音声の意味理解を行っているイメージ[9]

　もちろん、シャドーイングをしているときも、音声だけに注目した繰り返し（復唱）を行うのではなく、インプットの意味内容をあれこれ楽しみつつシャドーイングすることは絶対に必要です。そうすることで、シャドーイング自体が楽しくなってきます。意味もわからずインプット音声の復唱にひたすら終始するだけでは、面白くなくなり、長続きしません。

4 ｜ シャドーイングのインプット効果

　ではシャドーイングには、どのようにして、皆さんの音声知覚の能力を伸ばす効果があるのでしょうか。シャドーイングによるインプット効果とは、音声インプットの知覚とほぼ同時に同じ音声を発音することによって生じる効果です。インプット音声の知覚と同時に同じ音声を発音することに効果があると考えられる背景には、どのような研究成果があるのでしょうか。

　以下では、「マガーク効果」、「音声知覚の運動理論」、さらにヒ

トの「ミラーニューロンシステム」という3つの観点から考えていきましょう。

人間は聴覚だけで音を知覚していない

　読者の皆さんは次のような現象に遭遇したことがあるでしょうか。ある人が/ba ba/という発音をしているのを聞くと、私たちの耳にはそのまま/ba ba/と聞こえます。これは当然ですね。しかし、同じ人が/ga ga/という発音している口元をビデオ（動画）で見ながら、同じ音声/ba ba/を聞くと、実は/ba ba/には聞こえず、不思議なことに/da da/や、ときには/ga ga/に聞こえるのです。この現象は「マガーク効果」と呼ばれています。

　私たちは言葉の発音を耳（聴覚）をもとに聞いていると思っています。しかし、実際には口の動きに関する視覚情報の影響も受けているのです。

図1-4　マガーク効果のイメージ

この現象は何を物語っているのでしょうか。まず、普段私たちは聴覚だけに頼って聞いているのではないということです。聴覚と同時に、目で見た視覚情報（口元）など聴覚以外の情報も無意識のうちに活用しながら、どのような発音かイメージして聞いているのです。

　口元などの視覚情報は、瞬時のうちに全体が知覚されます。それに対して、/ba ba/などの音節は短いですがそれでも、数百ミリ秒程度の時間がかかります。口元の情報を視覚的にみるとそれをもとに発音を予想して、視覚イメージを聞こえてきた音声に重ね合わせているのだと考えられます。

音声知覚の運動理論

　音声の知覚は単に耳で聞き取るだけでなく、それと同時に自らも調音（発音）して、その調音の影響を受けているという理論があります。だいぶ前ですが、1960年代にリーバーマンによって打ち立てられた「音声知覚の運動理論」です[10]。

　言語音の知覚において、聞き手はインプット音声と並行して、同じ音声を調音し、その発音した音声とインプット音声とを比較照合することにより、音の知覚をするという説です。そうすると、少なくとも、多くの日本人英語学習者が苦手な/l/や/r/の発音の区別は、その音声を聞き手が実際に発音できることが、それらの知覚のための前提条件となります。言い換えると、自分で正確に発音できない音は、正確に聞き取ることはできないという考えにつながります。

　実は、音声知覚の運動理論は、発表以後研究者からはあまり顧みられませんでした。しかし2004年になって、ウィルソンら4名

による脳内処理研究[11]がこの説を明確に支持するデータを出したのです。彼らは、音声の知覚に際して、もし聞き手が同じ音を同時に発音しているのであれば、発音器官に関連する、脳内の運動野を活動させると考え、それを検証しました。

英語母語の英国人成人10人に、1音節の無意味語（非単語）をいくつも聞いてもらいました。そして、そのときの脳活動を、fMRI[12]を用いて記録したのです。図1-5は、その際のfMRI画像のサンプルを2人の実験参加者について示したものです[13]。

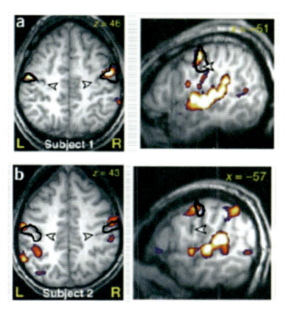

図1-5　単音節無意味語の聴取時における2人の協力者の脳活動例

その結果、ウィルソンらは、音声の聞き取りに関わる一次聴覚

野（BA41、BA42）だけではなく、ブロードマンの皮質領野でいうBA4およびBA6、すなわち大脳運動野および運動前野が活動していることを発見しました[14]。

インプット音声の知覚と同時に、このような発音のための運動野の活動がみられるということは、聞き取りと同時に、実際に声には出さなくても、対応する音の発音のための運動イメージを形成し、それを音声インプットに同期させているという運動理論を明らかに支持する証拠です。

ミラーニューロンシステム

これまでお話しした、マガーク効果と音声知覚の運動理論の研究から、口元の視覚情報をもとに聞こえてくる発音を予想したり、知覚対象の音声を同時に発音したりする機構が働いていることが明らかになってきました。これらは、インプット情報を受け取ると同時に、それを自ら再生する「模倣」能力が私たちヒトの頭の中にあるという、「ミラーニューロンシステム」（ミラーシステムとも言います）の存在に関する研究からも支持されます。

ミラーニューロンシステムは、私たちの脳内に備わった「模倣能力」の原泉になるものです。イタリア・パルマ大学のリッツォラッティ（G. Rizzolatti）は、対象物をつかんだりする行動に特化した神経細胞を特定するために、マカクザルの前頭葉を研究していました。そのとき、偶然に、実験者がエサを拾い上げたときに、サル自身がエサを取るときと同じ活動を示すニューロン（神経細胞）を前頭葉の運動前野のF5に発見したのです。

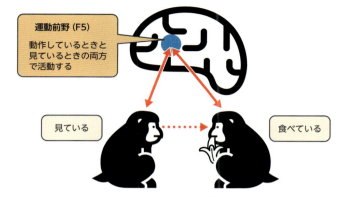

図1-6　マカクザルで発見されたミラーニューロン[15]

　F5に発見されたミラーニューロンは、サルがバナナを自らつかむときと、ほかのサルがつかむのを観察するときの両方で活動することがわかりました。それだけでなく、このニューロンは、人間がつかむ行為を、サルが見ているときにも活動することが発見されました。すなわち、サルでなくても、他者の行為を見ただけで、自分自身がその行為をやるときと同じ反応をするニューロンなのです。

　この他者の行為をそのまま再現するニューロンは、ミラーニューロンと名づけられました。このことから、行為の知覚とその再現運動が共通基盤を持っていること、言い換えると、対象を「知覚すること」は、受け手による、対応する「運動」によって実現されると考えられるようになりました。この脳内での「運動」が、私たち人間が持つ、「模倣」「再現」による学習能力のもとになっていると推測されています[16]。さらに、この模倣・再現による学習が、言語やその他のさまざまな「文化学習」を支える極めて重要なし

くみではないかというのです。

図1-7は、マカクザルにおけるF5 (ミラーニューロン) が、ヒトの大脳にいかに対応しているかを図示したものです。

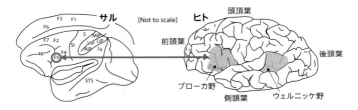

図1-7　マカクザルのF5とヒトのブローカ野の対応：左半球[17]

この図は、マカクザルのF5がほぼヒトのブローカ野 (脳の比較的前方に位置し、言語を司る領域。第4章参照) に対応していることを示しています。このことから、与えられた大量インプットをもとにして、私たちの幼児が母語 (第一言語) の習得を成し遂げる際にも、ミラーニューロンシステムによる「模倣」「再現」能力が関係しているのではないかと推測されています。

母語獲得のメカニズムについては、本書の範囲 (スコープ) を大きく超えるため、ここではあまり詳細には立ち入らないことにします[18]。ただそのポイントは、端的に言うと「大量の言語音声インプットを受け取ることから、いつの間にか自然に覚えてしまう潜在的、無意識的学習」です。そこでは、まわりの発話の中に繰り返し出てきたパターン (規則性) を観察し、また幼児自身も繰り返し使ったりしながら、知らず知らずのうちにパターンを発見するという潜在的学習が行われているのです。

ここで、幼児はなぜパターンを発見することが必要だとみなすようになるのでしょうか。その前提として、私たち人間は、母親

などの養育者とのインタラクション（相互作用）にもとづいた社会的存在であることが指摘されています。

実は、このインタラクションは、人が生まれながらにして持っている生得的な能力（本能）ではないかと仮定されています。これを「相互作用本能」と呼んでいます。この本能をもとにして、まわりの状況を察知する能力が芽生えます。この能力を「社会認知システム」と言ったりします。このシステムが、言語獲得のために活用されるのです。すなわち、この社会認知システムのおかげで、子供は、次のようなことができると考えられています。

① 母親などが、何を求めているかを察知する能力、すなわち相手の「意図の読み取り」ができる
② さまざま言語音からなる発話を繰り返し聞く中に、一定のパターンを発見することができる

上記①の結果、自分に向けられた相手の発話が、自分に何かを教えようとしているといった意図があることを察知するようになります。そうすると、このような発話の中で、明らかに自分に向けた意図的発話を積極的に自身でも真似て言ってみようとするようになります。これが、子供が「模倣」しようと思うきっかけとなり、模倣して自身で再現するという行為が、相手の意図的発話を自分のものにするために積極的に行われるようになります。母語獲得を支える基盤になっていると言えるでしょう。

また、②のパターン発見能力について、一例を挙げましょう。「wi-di-di」「de-li-li」という、ABBのパターンを持つ3音節語（無意味語）を3分以上にわたって生後7か月の幼児に繰り返し聞かせた研究があります[19]。その後、含まれる音節が「ba-po-po」のよ

うに初めて聞く新しいものでも、異なるパターン（AABの「ba-ba-po」やABAの「ba-po-ba」などよりは、同じABBのパターンを持つ音声が流れてくる方向を好んで見るという研究成果があります。

さまざまな言語インプットにおいて、繰り返し出てくるパターンを見いだすというのは、一種の「統計的学習」能力であるとも言えます。そして、これは音声のパターンだけに限られるものではありません。単語や構文の学習にも活用されます。実際に耳にしたさまざまな文を分析し、いかなる場面でどのような単語を組み合わせた発話を母親など養育者が用いているか、一種の統計的なパターン発見学習を行っているのです。

次の図1-8は、構文（The dog wants 〜.）のパターン発見学習のときの様子をイメージ化したものです。

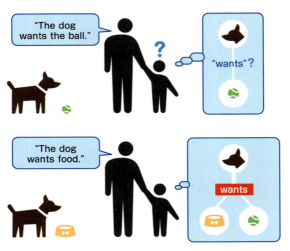

図1-8　文構造（構文）パターンの習得のイメージ[20]

母語獲得理論としては、これまでは、言語能力自体が一種の本能（生得的能力）だと考える見方が、20世紀後半以降は主流を占めてきました。この見方に代わる上記のような、相手の意図を理解したうえで、「実際に言葉を聞いてそれを模倣して自らパターンを発見する」学習は、私たちの母語（第一言語）獲得の根幹を成すしくみなのです。

　本書が展開している、シャドーイングによる音声知覚の習得は、基本的にインプット音声の「模倣」「再現」学習です。シャドーイングによる、英語音声の「復唱」においても、私たちが生まれながらに持つ模倣・再現能力が大いに活用されているのではないかと考えられます。本書が推奨するシャドーイング学習法の「インプット効果」は、これまで見てきたような、私たちの生得的・本能的学習システムを活用した結果であると言えるのです。

注

1 門田（2012：20）を元に作成。
2 Krashen（1985）
3 Oxford Reading Treeなど、各社から多数出版されている。古川・伊藤（2005）などを参照されたい。またコスモピアの多聴多読ステーションではさまざまな素材が掲載されている。
4 門田・野呂・氏木（2010）等を参照。
5 酒井・神田（2005）、古川・伊藤（2005）、高瀬（2010）など。
6 古川・伊藤（2005）に詳しく紹介されている。
7 Furukawa（2007）を参照。
8 Nakanishi and Ueda（2011）を参照。
9 門田・玉井（2017：32）を元に作成。
10 Liberman and Mattingly（1989）等を参照。
11 Wilson, Saygin, Sereno and Iacoboni（2004）を参照。
12 機能的磁気共鳴画像。門田（2010：117）等を参照。
13 図の中で赤い矢印で示されている黒で囲まれた箇所を参照。
14 BA4、BA6が、BA41、BA42とともに、脳内のどのような領域に当たるかは、本書第4章の図4-1（ブロードマンの脳地図）を参照してください。
15 Rizzolatti and Sinigaglia（2006）および「自閉症の人は模倣が苦手？」国立特別支援教育総合研究所 http://www.nise.go.jp/cms/6,4932,13,257.htmlを参照。
16 ただ、サルには「模倣」という行動はみられないことがわかっている。門田（2012）は「模倣」が相手の意図を理解した高次の行為であることを示す研究成果を紹介している。
17 Arbib（2012: 88）を引用。用語を日本語化。
18 母語（第一言語）獲得についての簡単な理論の紹介については、門田（2014：192-203）や門田・玉井（2017：19-27）を参照。本格的な議論は、Tomasello（2003）およびIbbotson and Tomasello（2016）を参照。
19 Marcusほか（1999）を参照。
20 Ibbotson and Tomasello（2016）を元に作成。

第2章

「知っている」から「使える」へ変えるプラクティス

1 はじめに

　すでにインプット理論との関連で、第1章では、インプット処理学習について考察し、シャドーイングのインプット効果について理論的に検討しました。第3章と第4章ではアウトプット理論、特にアウトプット産出のメカニズムと、シャドーイングのアウトプット効果について紹介します。

　インプット理論とアウトプット理論は有力なものですが、主に欧米の研究者が打ち立てた第二言語習得理論です。その前提になっているのは、母語と学習対象の第二言語がどちらも印欧語族に属すなど、言語的に比較的近い言語を母語とする学習者を対象にしているように思われます。このような第二言語習得理論では、教室で意識的に覚えた顕在的知識（明示的記憶：次節参照）をいかにして自動的に使える知識（潜在記憶：次節参照）に変えていくかについて、十分な研究が行われていません。言い換えますと、意識的に学習して記憶した知識をいかにすれば、アウトプット産出に活用できるような知識に転換できるのか、その道筋は明らかにされていません。

　インプットとアウトプットを結ぶ「**プラクティス**」は、言語インプットから得た文法、語彙、発音などの意識的な知識を検索して、取り出して、活用するプロセスを自動的なものに変えてくれます。言い換えると、すでに記憶して覚えた言語知識を、流暢な言語使用において活用できるような知識に変貌させるための練習で、とりわけ「リハーサル」「予行演習」の役割を果たしてくれるものです。

　このような目的を持って、本章ではまず、①新たな言語情報を

記憶（学習）するプロセスについて説明します。

次に、②学習して新たに覚えた（これを「内在化」とか「インテイク」と言う）知識を、いかにして、実際のコミュニケーションなど言語を使う際に自動的に活用できるような知識にしていくかについて見ていきます。このような「知っている知識」が「使える知識」へと変貌していくしくみについて、関連する研究成果をもとに考察します。

そして最後に、③「シャドーイング」が、既存の言語知識活用の自動化・流暢化において果たす役割を、本書では「プラクティス効果」と呼んでいますが、その効果について、「多読・多聴」の効果も含めて、理論的・実証的に検討していきたいと思います。

2 3段階記憶からワーキングメモリへ：記憶モデル

私たちがいかにしてインプットとして受け取った情報を記憶するかについては、20世紀初頭に提唱されたエビングハウス[1]の「忘却曲線」以来、100年以上の研究の歴史を持っています。彼は自分自身を被験者にして、KEL、DAX、FUBなど2つの子音の間に母音を置いた3文字からなる13個の無意味な音節のリストを覚えました。そして、ほぼ1日（24時間）経つと9割以上忘れていることを見いだしました。

これがきっかけとなり、さまざまな記憶実験が行われるようになりました。1970年代に入って、アトキンソンとシフリン[2]によって、それまでの研究成果が体系化され、有名なモデル（模式図）にまとめられました。それが図2-1に示した感覚記憶、短期記憶、長期記憶[3]の**3段階記憶モデル**です。

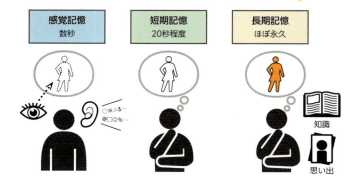

図2-1 感覚記憶、短期記憶、長期記憶

　感覚記憶は、聴覚、視覚などそれぞれの感覚器官内で入力したインプットを、何も処理しないでほぼそのままの形でごく短期間保持する記憶のことです。主に、聞いた音声を聴覚的に保持するエコイックメモリーと、視覚的に知覚した刺激をそのままフォトグラフィック的に一瞬保持するアイコニックメモリーがあります。保持できる時間は、ともに1秒前後ですが、聴覚のほうが視覚よりもやや長いというのが定説です。

　聴覚、視覚のモード別に取り込んだ情報は、次の短期記憶段階に送り込まれる際には同じ記憶庫に入れられます。これは意識的にコントロールされた記憶庫です。たとえば、電話帳で調べた電話番号をダイヤルする際に、あるいはクレジットカード番号をネットで入力する際に、忘れないように心の中で意識的にとどめておくような記憶です。

　この短期記憶はその名が示すとおり、何も操作しないでそのま

ま貯蔵しておこうとしても最大15秒も経たないうちに自動的に記憶庫から消えてしまいます。そうならないように心の中で反復します。これを、先に述べた「予行演習」とは少し意味合いが異なりますが、心の中での「リハーサル（内語反復）」と言います。

このリハーサルにも、情報を機械的に反復するだけの「維持リハーサル」と、既知のさまざまな情報・知識との関連づけをしたり、その情報の位置づけをしたりする「精緻化リハーサル」の2種類があります。維持ハーサルは、単にその場で必要な情報をとどめておくためのものであるのに対し、精緻化リハーサルはきっちりと記憶（長期記憶に転送）してマスターしようとするためのリハーサルです。

最後の長期記憶は、情報を知識データベースとして半永久的に蓄えている貯蔵庫です。いわゆる「知識」と称するものになります。長期記憶はその種類によって、エピソード記憶と意味記憶からなる顕在記憶[4]と、手続き記憶と知覚表象システムからなる潜在記憶[5]に大きく二分できます。

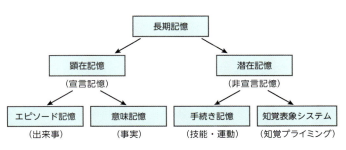

図2-2　長期記憶の分類

顕在記憶は、別名「宣言記憶」とも呼ばれていて、記憶から意識的に取り出して言葉によって説明できる記憶です。顕在記憶

に含まれる**意味記憶**とは、たとえば「パソコンとは情報処理のための機器である」とか「丼とはご飯の上に卵などの具をのせたものをいう」といった辞書的な情報あるいは百科事典的な知識を指します。また、**エピソード記憶**とは、「先週の金曜日には院生と一緒に授業の打ち上げをした」というような個人的な出来事の記憶です。頭の中での語彙知識を集めて保存している部分は、しばしば**メンタルレキシコン**と呼ばれますが、これも長期記憶中の意味記憶の一種ということになります。

　これに対して、潜在記憶は、記憶から検索しようとする際に意識にのぼることのない、知らないうちに取り出して活用できる記憶です。潜在記憶に含まれる**手続き記憶**とは、実際に何か物事を実行するときの手順（やり方）に関する記憶です。自転車の乗り方、車の運転の仕方、ダンスの踊り方など実際に何かを実行するときの手順に関する知識のことを指します。これらは、検索するときに深く考えたり意識したりして取り出していると、そこに注意が向いて集中するあまり、交通事故に遭ったり、パートナーの足を踏んでしまったりするような記憶です。

　また、**知覚表象システム**は、音や絵・文字などを、何回となく繰り返し見聞きしているうちに、その知覚が素早く、正確に心の中で実行される現象を指しています。たとえば、名前もいつどこで会ったのかわからないが、どこかで見たことのある人や、曲のタイトルは思い出せないもののどこかで聞いたことのある楽曲だと思うのも知覚表象システムに入っている潜在記憶です。このように見聞きして知覚した中身が、どのような内容でいかなる意味を持っているかは、仮に言葉で説明できないままでも、その検索プロセスは見聞きするごとに、無意識のうちに洗練されていきます。これが、いわゆる「繰り返し」「反復」の効果です。

3 顕在記憶から潜在記憶への変貌：プラクティスがポイント

　これまで説明してきた3段階記憶モデルのうち、短期記憶は「ワーキングメモリ」と呼ばれる記憶システムに発展的に統合されました。次の図2-3は、図2-1をさらに改訂し、顕在記憶と潜在記憶という2種類の（長期）記憶に転送する道筋（みちすじ）、さらには2種類の（長期）記憶からの検索の道筋を示したものです。

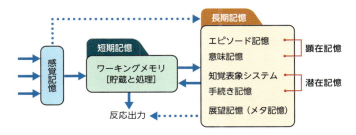

図2-3　顕在記憶と潜在記憶の2種類の記憶の形成過程と検索過程[6]

　意識的な顕在記憶を長期記憶に形成する場合は、ワーキングメモリが重要な働きをしています。そのサブシステムである音韻ループ[7]では、先に短期記憶のところで述べた、2種類のリハーサル（内語反復）がそのまま組み込まれています。すなわち、感覚記憶を経て取り込んだ情報を、意識的に「リハーサル」することで、新たな情報として一時的に保持しつつ、必要に応じてその情報を長期記憶に転送する役割を担っているのです。このようなリハーサルは、声に出さず心の中で実行されるので、「サブボーカルリハーサル」と呼ばれることもあります。このような情報の流

れは、左から右への実線の矢印で示されています。

しかしながら図2-3には、感覚記憶から、ワーキングメモリを経ないで、直接長期記憶に達する経路もあることが、左から右への点線の矢印によって示されています。すなわち、記憶しようとする意識がない間に、いつの間にか覚えているという経路です。これが潜在記憶形成にあたります。

たとえば、最初にりんごの絵を見てもらってから、その後、「○ん○」というカードを見せたら、「りんご」と答えられます。また、最初にすいかの絵を見てもらってから、その後、「○い○」というカードを見せたら、「すいか」と答えられます。別に、「さんぽ」とか「けいと」とか、何通りも答えはあるのですが、なぜか、「りんご」とか「すいか」と答えてしまいます。

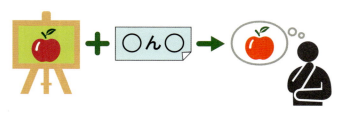

図2-4　最初に見たりんごの絵が、連想する答えに影響を及ぼす

最初に見たりんごの絵やすいかの絵が、無意識のうちに記憶として残ってしまい、答えに影響を与えているのです。別に、りんごやすいかの絵を意識的に思い出そうとしなくても、答えるときには、無意識のうちに想起してしまうのです。このような記憶は、長期記憶中では顕在記憶としてではなく、一種の知覚表象システムという潜在記憶として保存しているのです。

さらに、長期記憶中を検索して必要な情報を取り出してくる場

合にも2通りの経路があることがわかっています。前掲の図2-3中の右から左向きの実線の矢印は、たとえば英単語を見てそれがどんな発音や意味であったかを思い出すときのように、意識的に思い出そうとして顕在記憶をワーキングメモリに転送する場合の情報経路です。そしてその後、英単語の場合は発音したり、その意味を筆記したりするといったかたちで、実際に反応を出力することになります。これが長期記憶中から顕在的な記憶を取り出すプロセスです。

　これに対し、意識にのぼっていない潜在記憶の場合は、ワーキングメモリを経由せず、すぐに反応できます（右から左への点線の矢印）。たとえば、踊り慣れている人がジルバなどのダンスをする場合、意識的な情報の検索や取り出しをしなくても、自然に体が動いてステップを踏んでいます。これが長期記憶中から潜在記憶を取り出す場合です。

インターフェイスの考え方

　潜在記憶の形成は、一般に「潜在学習」と呼ばれています。潜在学習とは、覚えようと意識しなくても、いつの間にか覚えているというものです。これに対し、ワーキングメモリで何度もリハーサルをして、意識的かつ顕在的に覚えた記憶（情報）は、何度もそれを取り出す経験を繰り返すことで、意識的に思い出そうとしてなくても自動的に検索される潜在記憶に変貌するのでしょうか。

　この答えは基本的にはイエスです。ダンスのステップやピアノ演奏など、学習当初は1つ1つ意識的に学習します。自転車でも自動車でも最初は覚えた知識を、こうやってペダルを踏む、ハンドルを動かすといったように、意識的に検索して初めて操作できるようになります。しかし、何度もダンスやピアノ演奏の練習を

していると、また何度も自転車・自動車に乗っていると、やがて意識しなくても自然に体、足、手が自動的に動くようになります。つまり、意識的に習得した顕在記憶（顕在知識）でも、何度も繰り返し実行するうちに、意識しない潜在記憶（潜在知識）に徐々に変貌していくのです。

　第二言語（外国語）の場合も同じでしょうか。同様に潜在記憶に変貌すると考える立場を、**インターフェイスの考え方**と呼んでいます。つまり、顕在的・意識的に学習した外国語の構文・文法・語彙などの知識も、インプット処理やアウトプット産出で、継続的にそれらを長期記憶から繰り返し取り出して活用しているうちに、想起しているという意識を伴わないで検索できる潜在記憶に変貌していくのだという考え方です。

　最初はエピソード記憶として覚えた単語（たとえば、このexperienceという単語は、先週の英語の授業で習った教科書のLesson 8 の英文テキストの最初に出てきた新出語で"経験"という意味だ）が、その単語が出てきた状況から独立して[8]、やがてその語の意味を検索できるようになります。

　この段階で、文脈（覚えた状況）を離れた「意味記憶」に変貌していると言えます。そしてこの意味記憶も、何度も何度もその語を見聞きしたり、使ったりしているうちにやがて思い出そうとする想起意識を伴わない潜在記憶に変わっていきます。図2-4は、文脈依存的なエピソード記憶から意味記憶を経て、最終的に潜在記憶に変貌するプロセスを図示したものです。

　図2-4には先に図2-3で説明した、インプットした情報について、無意識的に潜在記憶を形成（潜在学習）したり、最初から脱文脈化した意味記憶を形成（顕在学習）したりすることもあることがあわせて示されています。

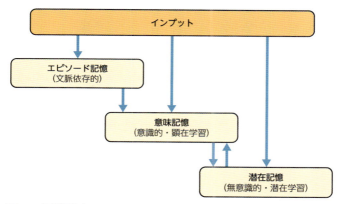

図2-5　長期記憶中のエピソード記憶から潜在記憶まで

　こうして最初から潜在的・無意識的に獲得した潜在記憶（知識）だけでなく、教室内で意識的に覚えた顕在記憶（知識）も、何度も繰り返しその知識を活用する反復練習を積むことで、自動的、無意識的に検索して使えるようになっていくのです。

　なお、潜在記憶から意味記憶への逆向きの矢印は、次のような場合を示すものです。一般に、一流のスポーツ選手が必ずしも一流のコーチ、監督になれるとは限らないと言われます。選手時代に体で覚えた潜在記憶を、コーチ・監督として選手に伝える際には、このように潜在記憶を、意識的な意味記憶に戻すことが不可欠になります。そうしないと、優れたコーチ・監督にはなれないのです。

第二言語習得と自動化された顕在知識

　第二言語習得の分野では、顕在知識がどこまで潜在知識に変貌するかについては、実は異なる立場からの議論があります。序

章・第1章で紹介したクラッシェンは、意識的・顕在的に覚えた単語や文法などの知識は、何度それらを長期記憶から検索しても、決して潜在的な知識に変わることはないという、**ノンインターフェイスの考え方**を少なくとも当初の理論では標榜していました[9]。また、第二言語（外国語）習得において、プラクティスの重要性を主張する数少ない研究者であるディカイザーは、顕在知識と潜在知識の間に「自動化された顕在知識」のレベルがあると主張しています[10]。

　顕在知識　＞　自動化された顕在知識　＞　潜在知識

以上の議論からは、私たち第二言語としての英語学習者にとって、現実的な目標は、知識の「潜在化」ではなく、むしろ「自動化」であると言えるでしょう。

多聴・多読、シャドーイング・音読などを通じて、最終的には、無意識な潜在的な知識レベルまで持っていくことを目指すのはもちろん大切です。しかし、その前段階で、第二言語の理解や産出に必要な知識を顕在的、意識的に覚え、それを少しでも徐々に自動的な運用に変えていくことの重要性が示唆できるのです。本書ではこの自動性の獲得を強調したいと思います。

「プラクティス」の考え方は、基本的にはインターフェイスの立場に立つものです。そのためには、一定量の顕在知識をまず学習して、その後徐々に自動的に活用できる知識に変貌させることが有効であるというのが本書の一貫した考え方です。

4 シャドーイングのプラクティス効果

シャドーイングのプラクティス効果は、主にワーキングメモリ

における内語反復（サブボーカルリハーサル）の高速化による自動化、さらには潜在化の促進にあります[11]。

　なお、シャドーイングによって、このようなプラクティス効果を引き出すためには、その前提として、学習者が実際に声に出して発音するスピードが高速化する必要があります。この発音スピードの高速化への影響については、スピーキング（アウトプット産出）の「音声化段階」での効果として捉えることができるものですので、シャドーイングのアウトプット効果として、本書第4章で詳しく説明します。その代わり本章では、シャドーイングによる潜在記憶の促進効果について解説します。

シャドーイングの潜在記憶への促進効果

　日本人大学生を対象にした研究（Miyake[12]）では、英語の音声チャンク（句）レベルのシャドーイングを、それぞれ6回ずつ実施順が一定にならないようにランダムにして実行してもらいました。

① a book about cooking
② the room above the kitchen
③ carry out his assignment
④ the day after tomorrow
⑤ a walk along the river
⑥ the restaurant around the corner
⑦ cut out for teaching
⑧ believe in Santa Claus
⑨ agree to a suggestion
⑩ answer your mother back

　そして、シャドーイングがほぼ問題なく実行できた、②③を除

くチャンクについて、その発話時間をミリ秒単位で測定しました。

表2-1 **各チャンクのシャドーイングの際の発音時間（②③を除く）：1回目と6回目の比較**[13]

シャドーイングの際の発音時間（ミリ秒）		
チャンク	1回目	6回目
①	1406	1286
④	1218	1124
⑤	1583	1324
⑥	1759	1620
⑦	1311	1159
⑧	1597	1363
⑨	1364	1383
⑩	1283	1151

1回目と6回目の学習者のシャドーイングの発音時間の変化を示す（単位msec：ミリ秒）。その結果、6回目のシャドーイングで、1回目よりも発音時間が明らかに短くなったものは、①（a book about cooking）、④（the day after tomorrow）、⑥（the restaurant around the corner）、⑧（believe in Santa Claus）の4チャンクであった（ほかのチャンクは一見すると短くなる傾向はあっても、意味のある差ではない）

次に、6回のチャンク・シャドーイングのあとに、突然何の前ぶれもなく、口頭で一部を与えてそのあとに続く語句を再生してもらう、手掛かり再生を参加者に与えました。たとえば、「a book ...」「believe ...」「a walk ...」などと最初の語句（キュー）を与え、そのあとに続く語句を口頭で答えてもらったのです。

表2-2 **チャンク①④⑥⑧の再生率**

チャンク	①	④	⑥	⑧
recall ratio（%）	60	80	60	60

発音時間が明らかに短縮した①④⑥⑧のチャンクについてはかなりの確率で、ほかのチャンクよりも正しく再生される率が高い。

　以上2つの分析結果からは、シャドーイングにより発音時間が短くなり、その発音速度が向上したフレーズ（チャンク）は、いつの間にか潜在学習によって覚えてしまっていることが明らかになりました。これは、シャドーイングの潜在学習効果を示すものと考えられます。

　ここで紹介した研究は、シャドーイングトレーニングによる発話時間の短縮（＝発音の高速化）が、潜在学習を促進するというものです。しかしながら、この結果だけでは、ワーキングメモリ内の内語反復（サブボーカルリハーサル）の高速化が原因で、潜在学習効果がみられたと結論づけることはできません。シャドーイングが、「**声に出して発する発音の高速化**」だけでなく、実際に「**サブボーカルリハーサル（内語反復）の発音の高速化**」につながることを明らかにする必要があります。この目的のために、筆者の研究グループでは、心の中での発音を伴う黙読に、シャドーイングのトレーニングがどのような影響をもたらすか研究しています。ここではその一部をご紹介しましょう[14]。

内的発音も高速化される

　日本人英語学習者に対し、5つの英文テキストパッセージをもとに、シャドーイングとリスニングの短期的なトレーニングを実施しました[15]。リスニングと比較して、シャドーイングのトレーニングがどのような効果を与えるか調査するのが主たる目的でした。そして、これらのトレーニングの事前および事後のタスクとして、パソコン画面上に別の5つの英文テキストを視覚提示し、その英文を声には出さないで心の中で発音をしながら目で追うという内的発音を伴う黙読タスクを与えました。また、実際にテキストのどの部分を、内的発音をしながら黙読しているかがわかるように、綿棒を使って心の中で発音している箇所をなぞりながら読んでもらいました。次の写真は、内的発音をしながらなぞり読みをしている様子を示したものです。

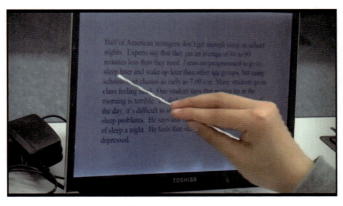

図2-6　内的発音を伴うなぞり読み（黙読）の様子

　シャドーイングやリスニングのトレーニング、および内的発音を伴う、事前・事後の黙読（なぞり読み）においては、異なる英

文（100〜110語程度）をそれぞれ5つずつ用意し、各英文を1回ずつ、シャドーイング、リスニング、黙読してもらいました。そして各英文を使った3つの課題終了直後には、内容を理解できたかどうかを問う選択問題に解答を求めました。

■使用した英文パッセージと問題のサンプル：

Half of American teenagers don't get enough sleep on school nights. Experts say that they get an average of 60 to 90 minutes less than they need. Teens are programmed to go to sleep later and wake up later than other age groups, but many schools start classes as early as 7:00 a.m. Many students go to class feeling tired. One student says that getting up in the morning is terrible. He feels tired. During his first classes of the day, it's difficult to stay awake. Dr. Brown is an expert in sleep problems. He says that teenagers need eight to ten hours of sleep a night. He feels that sleepy teens can become depressed.

Q1. Why many students feel tired in classes?
　a) They tend to go to bed late and need to wake up early for school.
　b) They tend to stay up late for doing homework or watching TV.【正解：a)】
Q2. What did an expert say about teens' sleep problems?
　a) They may easily feel depressed.
　b) They may easily get angry and start fighting each other.【正解：a)】

次に実験のデザインをまとめておきます。

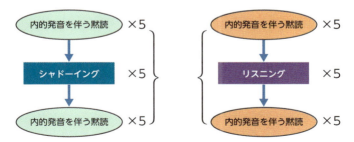

図2-7　実験デザイン：シャドーイング、リスニングのセッションと前後の内的発音を伴う黙読

なお、内容理解問題の結果から、シャドーイング、リーディング、なぞり読みのどのタスクの場合も、ほぼ満点に近い理解度を示しており、英文の内容はほぼ正しく理解されていたと考えられます。

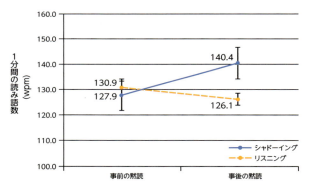

図2-8　各パッセージの1分間の読み速度（wpm）：平均語数[16]

事前・事後のなぞり読みの際の各英文パッセージを読むのにかかった時間の平均（1分間の読み語数）のデータ：分析の結果、事前の黙読では差はないが、事後の黙読では、シャドーイングトレーニング後のほうが、リスニングトレーニング後よりも、なぞり読みの速度がはっきりと向上することがわかった。この結果より、シャドーイングの短期的トレーニングにより、黙読の際の内的発音のスピードが速くなることが示された。

　このような黙読時の内的発音（サブボーカルリハーサル）の高速化は、以降の研究でも繰り返し明らかになっています。すなわち、内的発音を伴う黙読に、シャドーイングトレーニングがどのような影響をもたらすか研究したところ、シャドーイングが黙読中のサブボーカルの発音を高速にすることが明らかになっているのです。このことから、シャドーイングのトレーニングが、おそら

くは、学習者のワーキングメモリで活用される、声に出さない内的リハーサル（内語反復）の発音の高速化につながると考えられます。そうすると、単に情報を一時的に保持するための維持リハーサルだけでなく、情報を長期記憶に転送（インテイク）するための精緻化リハーサル（本章第2節参照）の促進にもつながるのではないかと考えられます。この考え方については、今後の綿密な研究の継続が不可欠ですが、ほぼその妥当性が予測できるのではないかと考えています。

　以上やや詳しくお話ししましたが、シャドーイングのプラクティス効果は、ワーキングメモリにおけるサブボーカルリハーサル（内語反復）の高速化による潜在学習の促進にあるのです。

5 プラクティスとしての多聴・多読

　第1章の第2節では、大量のやさしいインプットによる潜在学習を可能にしてくれる「多読・多聴」の効果について検討しました。この多読・多聴は、やさしいインプットを大量に処理することを目的にした学習法です。しかし、それだけではなく、反復プライミング[17]という繰り返しによるプラクティス効果が実は大いに期待できます。

　ここでは、多読・多聴における反復プライミングについて少し考えてみましょう。皆さんが、多読や多聴を楽しんでいるときに、たまたまある未知の英単語や語句に出会ったとします。そしてその語や語句の意味を、辞書を引いたり、前後の意味内容（コンテキスト）から推測したりして、ほぼ正確に理解できたとします。その後、さらに多読・多聴を継続していくと、多くのインプットを処理するこの方法では、上記の単語・語句に再度出会う確率は

かなり高いと言えます。同じ単語・語句に再度出会ったときには、それらの意味を、長期記憶中のメンタルレキシコンから情報検索することになります。

　ただ、再度出会ったその単語・語句は、初めて処理したときと同じコンテキストで使われていることはまずありません。前後で一緒に出ている語彙も、場面・状況も異なります。このような異なる文脈の中で、その語・語句の意味情報の検索、さらには再検索、再々検索が繰り返されることになります。これが多読・多聴における反復プライミングによる繰り返し学習の効果です。ワーキングメモリのサブボーカルリハーサルの高速化を促進するシャドーイングのプラクティス効果とは異なる、反復検索の効果になります。しかし、まったく同一の環境ではない状況での反復であり、いわば「疑似的な反復プライミング」とでも呼べる繰り返し学習です。このような学習状況を多読・多聴は提供してくれるのです。

　同一の単語や語句を、異なる文脈（コンテキスト）の中で、何度も処理を繰り返すことでさらに大きな学習効果が得られるのです。このような多読・多聴による繰り返し学習（疑似反復プライミング）を行うこと、しかもその「出現頻度に比例」する形で、何度も何度も実施するのは極めて大切です。そうすることで、可能な限り強固で洗練された潜在記憶の形成が達成されます。これも、外国語（英語）を「知っている」状態から「使える」状態に転化するプラクティスの重要な役割です。

注

1. Ebbinghaus（1885）を参照。
2. Atkinson and Shifrin（1968）を参照。
3. 永久記憶とも言う。
4. 明示的記憶や宣言記憶と呼ばれることもある。
5. 非明示的（暗示的）記憶や非宣言記憶と呼ばれることもある。
6. 太田（2010）および太田・佐久間（2016: 12）を参照。
7. 第5章を参照。
8. これを脱文脈化と呼ぶ。
9. ただ、クラッシェンは当初のノンインターフェイスの立場から、あとになって潜在知識に変化することもあるという「弱いインターフェイスの立場」をとるようになっている。
10. DeKeyser（2007: 288）を参照。
11. 門田（2014: 116-120, 2015: 288-293）
12. Miyake（2009）より転載。
13. Miyake（2009）
14. 門田ほか（2014）およびKadotaほか（2015）
15. Kadotaほか（2015）
16. Kadotaほか（2015）を元に作成。
17. プライミングについては、第3章の第4節で、その種類や効用をやや詳しく説明しています。

第3章

スピーキングに必要なプロセス

1 音声英語の特徴

　この章では、「外国語を話す」とか「英語が話せる」という、「話す」の中身について考えていきます。つまり、スピーキングという技能（スキル）には、どのようなプロセスが含まれているのかということです。母語（日本語）で毎日話しているので、当然すぎて今さら何を言うかと思われるかもしれません。でも、実はこれを理解することが、「外国語を話せるようになる」しくみを知るための重要な「基礎基本」です。

英語母語話者はどのようにコミュニケーションしているのか

　まずは、英語の母語話者が音声英語をどのようにしてコミュニケーションで使用しているか見ていきましょう。

　教養のある英語母語話者は、通常ほぼ1分間に、150語ぐらいのスピードで話すと言われています。これは平均値ということで、もちろん個人差が大きいことは容易に想像がつくと思います。仮にこのとおりに話をすると、約400ミリ秒（1ミリ秒は1/1000秒）に1語程度の速度で発話していることになります。

　時間の余裕がなく急いで話す場合にはほぼその2倍の速度で話すと言われます。そうすると、1秒間に2〜5語程度、頭の中の辞書（これを**心的辞書**あるいは**メンタルレキシコン**と呼びます）にあるおよそ3万語程度の発表語彙（スピーキング用に使える語彙）の中から、正確に適切な語を選んで、検索（取り出し）しつつ、発話を行っていることになります。このような高速サーチにもとづいて高速処理が行われていることになります。それでも言い間違いなどのスピーチエラーは、特に緊張することなくリラックス

した状態だと1000語に1語程度しか生じないという報告があります[1]。こういった能力をほぼ全員の英語母語話者が共有しているのです。

　当然のことながら、発話は場面や環境から大きな影響を受けます。自分自身に話すモノローグでない限り、話し相手の人が何を言うか必ずしも正確に予測できない状況で、相手の発話に適切な時間的タイミング[2]で反応し、会話を成立させていく一種の共同作業です[3]。話し手・聞き手は同じ場面や状況を共有していることが多いため、2人にのみ理解できるような表現や言葉づかいも多くみられます。

　このようにスピーキングというのは、リーディング、ライティングなど、基本的に一人の個人内でそのプロセスが完結する書き言葉の処理とは異なる性質を備えています。

スピーキングによって生み出される話し言葉を、書き言葉と比較すると、一般的に次のような特徴があります[4]。

(1) **あいまいさ**：途中で終わる文があったり、代名詞の使用が多く、主張をぼかす表現であるI guess、sort of、and everythingなどを多用したりする。

例 She told me about the baby and everything.
（下線部の意味：～などいっさい、～などすべて）

また、一部の発音の脱落、単語の発音が結合するなどの音声変化が頻繁に出現する。

例 You must have been in the bar yesterday.
（下線部の発音の脱落・結合：/mʌstəbm/）

(2) **流暢さの欠如 (non-fluency)**：ためらい (hesitation) 現象と呼ばれる、無声および有声ポーズ (unfilled or filled pauses) が高頻度で出現し、複数の人の会話では発話の順序を無視した同時発話が生じたり、擬音・咳払い・笑い声などが含まれたりする。これらは、当然のことながら、書き言葉にはみられない特徴である。有声ポーズはサイレンスフィラーとも呼ばれる：uh、em、erなど

例 Uh、yeah、I guess so.

(3) **比較的単調な音調 (イントネーション) 型を用い、このイントネーションの単位も比較的短く設定し、SVO、SVCなど単純な文型を多用する。**

例 Somebody get married. / then they / they were driving / around uh England / Ken MacDonald / Oliver Jane / and uhrn, / two other girls.（音調単位の切れ目を/で示す）[5]

(4) つなぎ語の使用：for instance、that is、I mean、actually、or rather、you know、you see、and er、but er、well など考慮中を表したりするもので頻繁に用いられる。

例 What I need to know is the truth, or rather a series of truths.（下線部の意味：いやむしろ、より厳密には）

(5) あいづち語：yes（質問の答えとは異なる単なるあいづちでさらなる発話を相手に促す）、yeah、uh-huh、um、sure、right、OK、so am I、great、oh、sounds good など

例 "I'm going to Paris this weekend." "Yes…?"
（上昇調で発音したときの意味：それで次は?）

2 言い間違い（スピーチエラー）

　次に私たちは普段何気なく話していますが、この「スピーキング」をいかにして成し遂げているのでしょうか。

　スピーキングのプロセスを考えるときに役立つのが、実は普段の会話の中で無意識に犯してしまう言い間違いです。これを英語では slips of the tongue と呼んでいます。ほとんどの場合、自分が間違ったことにも気づきません。

　次にいくつか実例を紹介します。皆さんは、これらが、スピーキングのどういったレベルで出てきた誤りか、見当がつきますか（⬅の左側が実際の言い間違った発話、右側が本来意図した発話です）[6]。

例 ホームで駅を待ってますよね
　　　← ホームで電車を待ってますよね

　これは、誤って異なる語を検索してしまった例です（語彙選択レベルの誤り）。「駅」も「電車」もしばしば同じような状況で使用される語で、それだけ意味的に関連性が高いことに原因があります。

例 いやー、カサの中に電車忘れましてね
　　　← いやー電車の中にカサ忘れましてね

　単語は正しく検索したのですが、それらの配置順を間違えた例です（語彙配列レベルの誤り）。その多くは、語と語が入れ替わるタイプの誤りです。ほかにも、「子供がケガしたら親が保険会社のかわりに払うんだって... ← 保険会社が親の...」とか、「阪神の甲子園すごいでしょ ← 甲子園の阪神すごいでしょ」、「お前もひとりのメンバーだろ ← お前もメンバーのひとりだろ」などがデータベースにあります[7]。

例 東京競馬場では、7人万（なないんまん）、7万人（ななまんにん）を超える観客を集めて……

　これも配列の間違いですが、今度は自分で間違いに気づいて言い直しています。これは、単語ではなく、モーラ（音節）レベルで入れ替わっているという誤りです（モーラ配列レベルの誤り）。ローマ字表記にするとモーラ単位で交替していることがよく理解できると思います（nananinman ← nanamannin）。「なついあつ（natsuiatsu）← あついなつ（atsuinatsu）」なども同様の誤りの例です。

例 まねこねき ← まねきねこ（招き猫）

　日本語は、文字表記において、音声をモーラ（音節）で区切って文字を当てはめています。したがって、ka ki ku ke ko の各モーラは、音素kが共通していますが、それは無視して、それぞれに異なる文字を当てはめて「か き く け こ」と表記します。そうすると、音素という単位は、発話の際には通常あまり意識されません。しかし誤りの中には音素レベルのものも散見されます。

　「招き猫」は、日本人なら誰でも知っている、すわって片方の前足を挙げて人を招く姿をした猫の像のことで、縁起物としてお店などで飾るものです[8]。この間違いは、manekoneki ← manekineko とローマ字表記するとよくわかりますが、oとiが入れ替わっているだけで、モーラではなく、音素単位で交替しています。しかし、ko（こ）とki（き）というモーラ単位で交替したと考えることもでき、どちらかと言えばこのほうが私たちの日本語発話の実態に即しているかもしれません。同様の例が、kとchが入れ替わった、キチンラーメン（kichinramen）← チキンラーメン（chikinramen）です。

例 それから気持ちを悪い、気持ちが悪いという方、どんどんお電話ください……

　これは助詞「が」を間違って別の助詞「を」を使ってしまってすぐあとで訂正している例です。名詞や動詞などと比べると意味的に軽く、主に文法的な機能を示す助詞で言い間違いがしばしば生じるようです（文法形態素レベルの誤り）。「ヨーロッパの頂点に立つのか、立つのはフランスかスペインか」なども同様の助詞の誤りです。

　以上は、日本語の言い間違い例ですが、もちろん英語の母語話者も例外ではありません。日本語と同様の間違いとしては以下のようなものがあります。

例 ice-cream in the oven　←　ice-cream in the fridge

　英語の単語検索を間違った例です（語彙選択レベルの誤り）。ovenもfridgeもどちらも台所で使用するもので、それだけ意味的に関連性が高いことに原因があります。

例 one sugar of spoon　←　one spoon of sugar

　正しい単語は検索したのですが、それらの配列を間違えた例です（語彙配列レベルの誤り）。

例 bop a dromb　←　drop a bomb

　これも配列の間違いですが、単語ではなく音素レベルの配列を誤っています（音素配列レベルの誤り）。bop a drombでは、/dr/ と /b/ の音素が入れ替わっています。

例 He swimmed in the pool ← He swam in the pool

　動詞 swim の過去形の規則変化を適用して、-ed をつけてしまった例です（活用語尾という単語の形態素レベルの誤り）。

例 ²nerve of a ³vergeous ¹breakdown
　　← ²verge of a ³nervous ¹breakdown（神経が壊れてしまいそうな状態）

　上例の単語の先頭の上付き数字1〜3は、強いものから順にそれぞれ、第1強勢、第2強勢、第3強勢を示しています。これは、単語ではなく、句（フレーズ）内の単語の強勢パターンを間違った例です。また、次のような間違い例もあります（ストレスなど韻律［プロソディ］付与レベルの誤り）。

例 how ´**things** bad were ← how ´**bad** things were

　これらの強勢に関する誤りを見ていると、単語が入れ替わっていても、強勢パターンは意図したものをそのまま保持していることがわかります。これから、英語の場合、ひとつのまとまりとして働く句・節などの単位は、文法的・意味的な単位であるだけ

でなく、音声的に一気に発音される単位でもあることがわかります。

　こうしてみてくると、日本語、英語にも共通して、スピーキングのプロセスにはいくつかの段階（レベル）が含まれていることがわかります。言い間違いからは、次のような段階が含まれていることが示唆されます。

1. 頭の中の辞書（メンタルレキシコン）から必要な単語を検索してくる語彙選択段階の誤り
2. 選択した単語を文法的に正しい順序に並べ替える語彙配列段階の誤り
3. 単語に含まれる個々のモーラや音素を正しい順序に並べ替えるモーラ・音素段階の誤り
4. 単語を正しく活用変化させたり、正しい助詞を付与したりするといった文法・語法段階の誤り
5. 発音の強勢、高さ、長さなどを決定するプロソディ（韻律）付与段階の誤り

　そして上の1.から5.は、「話すこと（スピーキング）」の比較的初期段階から後期段階へと順に並んでいることが直感的にも推測できるでしょう。

3 スピーキングの認知モデル

　序章でも説明したように、私たちが普段行っているコミュニケーションは、①理解、②概念化、③発話の3つがほぼ同時に進行する3重処理と言ってもよい状況です。これを難なくこなすには、

上記の①理解と③発話が自動的な高速処理になっていることが前提条件です。①理解については、第1章で解説しているので、ここでは「話すこと」のプロセスがどのようにして実現されているかについて考えてみましょう。

図3-1は、英語母語話者などによる言い間違い（スピーチエラー）の分析を踏まえ、さらにほかの実験研究の成果も参照しつつ、提案されたスピーキングの認知モデルです[9]。

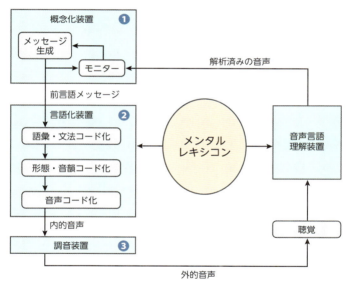

図3-1　スピーキング（話すこと）の認知モデルとプロセス[10]

ごくおおざっぱに言うと、スピーキングは、話そうと思うメッセージを、❶その内容で問題ないかどうかチェックしてモニターをしながらつくりだすことから始まります。そして、❷それを頭の中で言葉にして、❸実際に声に出して発音することです。これら

❶〜❸はそれぞれ、「概念化装置」「言語化装置」「調音装置」において実現されます。そして、❸の結果、出てきた自分の声は同時にまた右側の聴覚を通じて聞いて処理されることになります。これを「聴覚フィードバック」と呼び[11]、聴覚などの障害で自身の声が聞けないとうまく発話できなくなってしまいます。

これら❶〜❸の中で、スピーキングの中心は❷の言語化装置です。ここでは長期記憶中にある、頭の中の辞書であるメンタルレキシコンのさまざまな言語情報を参照します。ちょうど市販の英和辞典や英英辞典を引くイメージです。

メンタルレキシコンと概念化

メンタルレキシコンの中には各英単語の発音、スペリング、意味、使い方（語法）などの情報が入っています。また、その英単語がどんな他の語と結び付いて使われるかといったコロケーションの情報や、どのような構文を必要とするかといった情報もあります。ただ、紙や電子辞書とは異なるのは、それらがアルファベット順に並んでいるわけではないということです。

たとえば、日本語で（あ）から順に50音順に単語をあげてみてください。辞書を引くとすべて知っている単語でも、それらをすべて順に、「ああ、愛、会う、アウト、青」などと検索するのは困難です。メンタルレキシコンでは、ほぼ図3-2のように、主に意味概念をもとにした語彙ネットワークをつくっています。

語彙ネットワークのモデルでは、単語と単語が意味リンクでつながっています。たとえばfire engine（消防車）という語を発話しようとしたり、また見聞きしたりしたときには、メンタルレキシコンからfire engineという語が辞書検索されます。しかしそれだけでなく、同時に別の関連する単語（「red、car、street」「red、roses、 sunset」など) も、fire engineからの距離に応じてその度合いは異なるものの、多かれ少なかれ活性化されます。

つまり、明確に意識されなくても、自然に半ば検索されすぐに使える状態になっているのです。先ほどお話しした言い間違い例にあった、駅 (← 電車)、oven (← fridge) なども (　) 内の本来意図した語を取り出そうとしたときに半ば活性化されていた結果として、誤った検索に至ってしまったと思われます。

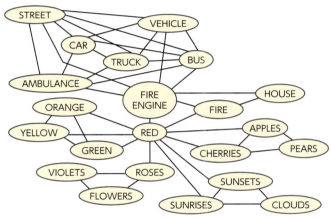

図 3-2　語彙ネットワークのモデル[12]

言語化装置で文を組み立てる

メンタルレキシコンから単語の情報検索を行い、その結果にもとづいて言語化装置が動き出します。そこでは、まず「語彙・文法コード化」というプロセスがあります。これは、英単語の意味、単語の使い方 (語法) などの情報をもとに、「言葉」という器 (うつわ) にのせる作業を行うプロセスです。

その第1段階では、メンタルレキシコンから、話そうとするメッ

セージに必要な単語を選択し、それらの単語を正しく使うための語法情報を検索します。たとえば、「わたしはお母さんに手紙を渡した」というメッセージを発話しようとして、giveという動詞を選択したら、それに関係する語法・文法情報も同時に検索されます。たとえば、動詞giveの主語として「行為者：I」が必要であり、目的語として「誰に（間接目的：my mother）」「何を（直接目的：a letter）」という受け手と渡す対象を持つ構造にしなければならないといった情報です。

その後、第2段階では、検索した語や語句を組み立てて、正しく配列します。このとき、今朝渡したのであれば現在形ではだめで、gaveという過去時制に変化させるなどの操作を行います。その結果、I gave my mother a letter. といった、話そうとするメッセージに合致したした英単語連鎖を頭の中でつくりあげることになります。こういった「語彙・文法コード化」のプロセスは、英語母語話者の場合は、無意識的、自動的に実行されます。しかし、外国語（第二言語）学習者においては、単語の意味や使い方などの知識を1つ1つ思い出して意識的に適用するので、それだけ認知負荷の高い、多くの心的エネルギーが必要な作業になります。

発音の青写真を構築して調音装置で発声する

「語彙・文法コード化」が完了すると、その次は、「形態・音韻コード化」段階を経て、それを発音するための青写真を形成します。I gave my mother a letter. を発音記号で表記すると、/aɪgeɪv maɪmʌðərəletər/のようになります。第二言語学習者の場合は、意識的・顕在的な音声知識を利用することが最初は必須になってきます。このとき、上記のような母音・子音などの分節音だけでなく、強く発音するアクセント（強勢）の位置や、声の上昇・下

降を示すイントネーションなども付与する必要があります。

　こうして得られた発音のための青写真である「音韻表象」は、さらに、実際に声に出して発音するための指令図・作業工程を記した「音声表象」に変換されて初めて音を発することができるようになります。これが、「音声コード化」です。子音であれば、唇、歯茎、硬口蓋、軟口蓋などその発音のための口の中の場所、摩擦、破裂などの発音の仕方、喉の声帯が振動するかしないかという有声・無声などの、実際の発音に関わる情報が具体的に表示されます。たとえば、/pen/ の語頭の /p/ であれば、発音箇所は両唇音で、発音様式は空気をためて閉鎖し、その後リリースする破裂音で、声帯の振動を伴わない無声音であるといった情報

を検索して活用します。

　最後に、「調音装置」において、実際に物理音声（外的音声）を発声します。これは同時に、右側の「音声言語理解装置」へのインプットとなります。これが、話し手自身が自ら聞いて確認する、「聴覚的フィードバック」です。

4 流暢なスピーキングを実現するしくみ

　外国語のスピーキングの習得で最も重要で、ポイントになるのは「語彙・文法コード化」です。ここをどのように実行するかによって、スピーキングのしやすさ、すなわち流暢性が大いに左右されます。筆者は、次の3つのしくみを提案しています[13]。

(1) 文法規則や単語の語法情報にもとづくスピーキング

　皆さんは、日本語が与えられて、それを英語で作文するときにどのようにして書いていきますか？　和英辞典などを引いてまず出てこない英単語を調べたり、自信のない英単語を英和辞典で引いたりして正しいかどうか確認したりしますね。

　その後、学生時代に習った文法・語法の知識を思い出して、あるいは正確に思い出せないときは、英文法の参考書などを出してきて、必要な項目をチェックして、そのルールに従って、上で調べた英単語を配列していく。これが一般に英作文するときの要領でしょう。

　このように辞書と文法書を参照しながら、すでにこれらの単語と文法の知識が頭の中（長期記憶）に入っている場合は、それらを1つずつ検索して作文します。これと同じことをスピーキングでもやっているというのがこの (1) のプロセスです。

ただ、一般に次のような問題があります。

① 単語を検索して文法にもとづいて文をつくっていくので、ある意味、綿密・丁寧かもしれませんが、非常に時間とエネルギー（認知資源）が必要になる疲れるプロセスです。
② 学生時代に習った文法は、かなり詳しく現代英語の実態を記述していても、やはりすべての正しい文を生み出すのに必要十分な情報ではないことです。たとえば、学校英文法を一生懸命学んでも、習得困難なのが冠詞の使用の問題です。

通常、次の例文のように特定の名詞にはtheを、不特定名詞にはa(n)を付けると説明されます。

I bought a car last week. The car is good. I like the car.

しかし、「犬は忠実な動物だ」を英語にする場合、次の3つとも正しい文法的な文です[14]。

① A dog is a faithful animal.
② Dogs are faithful animals.
③ The dog is a faithful animal.

また、I can get there by bicycle.では、bicycleは慣用的に無冠詞ですが、You can't get there without a bicycle.のように、「自転車なしでは行けない」という意味の文では通例、不定冠詞がつきます。

冠詞のように、さまざまな意味・使用法を持っていて、意味と形式の対応（マッピング）が複雑なものは習得が困難で、学校で覚えた文法規則や語法の知識だけでは太刀打ちできないことがわかります。

(2) プライミングにもとづくスピーキング

　これは事前に読んだり、聞いたりして文の処理をした文法構造（構文）をそのまま活用して文発話をしようとする方法です。実際に見聞きした文ですので、安心してスピーキング、さらにはライティング（作文）にも使用できます。

　BNC (the British National Corpus) やWordBanksなどの、現実に使用された英語発話や英語作文などの言語表現を、集積、整理した言語資料を「**コーパス**」と呼んでいます。これらを活用して、実際に使われている構文・表現であることを確認したうえで英文をつくると、間違いを心配せずに、話すことができます[15]。市販の英英辞典であるCollins COBUILD Dictionaryなどは、その辞典の一部として、上記のWordBanksのミニコーパスが収録されており、確実に間違いのないことを確認しつつ、スピーキング、ライティングにおいて文をつくることができます。

　以上のようなコーパスを参照しなくても、日常的に英語母語話者が活用している文発話の方法が**統語プライミング**です。

　これは皆さんにとって聞き慣れない言葉かもしれません。「プライミング (priming)」とは、認知心理学においてこれまで頻繁に活用されてきた研究方法です。一般的な言い方をしますと、先に提示された先行する単語、文、絵など（これを**プライム**と言います）が後に続く単語、文、絵など（これを**ターゲット**と呼びます）の処理になんらかの影響（通常はプラスの影響ですが）を及ぼすことを指しています。

　単語を例に取ると、PCの画面に提示された英単語が、実際に存在する単語か存在しない単語かを判断してもらう課題を「**語彙性判断**」と言います。

　たとえば、hosbital（非単語）かhospital（実単語）のいずれかを

実験協力者に見せて、その語の有無の判断をしてもらいます。そのとき、直前に意味関連語のnurseを提示した場合と、teacherを提示した場合で、この語彙性判断がどう影響されるかを調べます。そうすると、teacherよりもnurseを先に見せたときのほうが、判断にかかる時間が明らかに短くなることがわかっているのです[16]。これが「語彙プライミング」で、母語(第一言語)や外国語(第二言語)のメンタルレキシコンに単語をどのようにして蓄積・保存しているかを研究するのに役立てられてきました。

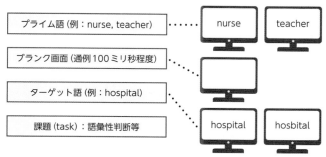

図3-3 プライミング課題のイメージ[17]

また、単語ではなく、文の構文レベルのプライミングもあります。ある研究では、日本人大学生を対象に構文プライミングがあるかどうか実験をして確かめました[18]。使用した英文は次のようなものです。

① The driver gave the mechanic the car.
 (間接目的語+直接目的語構文)
② The driver gave the car to the mechanic.
 (直接目的語+前置詞目的語構文)

この2種類の英文を、先に提示して読んでもらいました。そしてその後、The doctor showed… といった書き出しを与え、直前の文は見ずに、とっさに思いついた構文で続きを書いてもらいました。

そうすると、間接目的語＋直接目的語構文のあとには間接目的語＋直接目的語構文、直接目的語＋前置詞目的語構文のあとでは直接目的語＋前置詞目的語構文というように、先に処理したプライム構文と同じ構文をターゲットで使う傾向が強くみられました。もともとこのような統語プライミングの傾向は、英語母語話者の研究で確かめられていました。同じようなプライミングが日本人英語学習者の場合にもみられることが明らかになっています。言い換えると、先行する文を処理した段階で、その文の文法構造についての心内表象が頭の中に形成され、その構文をもとに文をつくる傾向が促進されるという効果があるのです。

(3) フォーミュラにもとづくスピーキング

単語と単語の連なりやチャンク (これをフォーミュラや定型表現と呼びます) をもとにしたスピーキングです。フォーミュラの種類には、主に表3-1に挙げているようなものがあります[19]。

フォーミュラは、英語母語話者がメンタルレキシコン内に、それ全体として、単語に分解せずに蓄えていると考えられているものです。そして、スピーキングの際もそのまま検索して活用するものだと言われています。第二言語で、これらのフォーミュラを活用することで、文の構築が大いに楽になり、認知負荷の軽い、自動化した発話が可能になります。

表3-1 **フォーミュラの種類**[20]

種類	内容
複合語 (compounds)	freeze-dry、Prime Minister、long-hairedなど
句動詞 (phrasal verbs)	go、come、take、putなどの動詞とup、out、off、in、downなどの動詞からなるもの
イディオム (idioms)	kick the bucket、rain cats and dogs、spill the beansなど
固定フレーズ (fixed phrases)	of cource、at least、In fact、by far、good morning、how do you doなど、上の3つに入らないもの。dry as a boneのような直喩やIt never rains but it poursのようなことわざも含む
プレハブ (prefabs)	the thing / fact / point is, that reminds me、I'm a great believer in ... のような決まり文句

英語の学習・教育に与える示唆

ここまで説明してきた(1)から(3)の中で、文法や語法にもとづく(1)のやり方を日本の英語教育では採用し、教えてきました。ただこれは最も認知負荷が高い方法です。たとえば、「今夜何時に店を閉めますか」という意味内容を、次の和英対照語句を使って英文で表すようなものです。

> 今夜= tonight、何= what、時= time、に= at、店を= the store、閉めます= close、か= ？（文末でのピッチの上昇を伴うことが多い）

上記の語（句）を、文法規則や語法の知識に従って（tonightは副詞で文頭か文末に置くなど）並べ替え、また活用変化をさせて、Tonight at what time do you close the store? といった文を発声します。これは、これまで聞いたことのない「初めて接する」文でも、

その意味が理解でき、話したことのない「新しい」文でも発話できるという、私たち人間の創造的な言語能力を特徴づけるしくみであることは間違いありません。

(2)は、すでに説明したように、事前に処理した構文を、再利用する方法です。「昨日私は私の母にプレゼントをあげました」という意味を次の語句を使って英文を作成するとします。

> 昨日＝ yesterday、私は＝ I、私の＝ my、母に＝ mother、プレゼントを＝ a present、あげました＝ gave

そのとき、先に The driver showed the car to the mechanic. という文を処理したあとでは Yesterday I gave a present to my mother. といった同じ構文を使用する確率が大きくなり、逆に、The driver showed the mechanic the car. を見聞きしたあとでは、間接目的語を使った構文 Yesterday I gave my mother a present. が出てくる傾向が強くなることがわかっています。これは意識しないうちに行われる、統語プライミングによる潜在学習による文産出であると言われます。

(3)は偶然を超えてはるかに高い確率で一緒に出現する、高頻度の単語の連なりであるフォーミュラをメンタルレキシコンに蓄えていて活用する方法です。たとえば、「彼はそのチャンピオン相手にまさるとも劣らない健闘をした」というメッセージを英文で表現するとします。

> 彼＝ he、その＝ the、チャンピオン＝ champion、まさるとも劣らない健闘をする＝ give someone a run for one's money

　この中で、give someone a run for one's money は、一種のフォーミュラです。これを知っていると、He gave the champion a run for his money. という文を簡単に生み出すことができます[21]。

　この節では以下の3つの文産出プロセスについて紹介しました。

(1) 文法規則や単語の語法情報にもとづくスピーキング
(2) プライミングにもとづくスピーキング
(3) フォーミュラにもとづくスピーキング

　この3つの中で、できるだけ (2)(3) の文産出プロセスを可能な限り採用することで、流暢なスピーキングが可能になってきます。そのためには、単語を覚えるとき、単語帳をつくってリストアップして学習するよりも、できるだけ前後の単語と一緒に覚えてしまうようにすることが重要です。

ただ、このように書くと、これから単語の覚え方を根本的に変えないといけないといと考えられる方もおられるかもしれません。でもご心配なく。第2章で詳しく解説しましたように、シャドーイングのプラクティスや多読・多聴のプラクティスをたくさん積むことで、皆さんご自身で特に意識しなくても、実は(2)(3)のようなストックは間違いなく自然に(無意識のうちに)潜在的記憶(知識)として蓄積されていきます。

注

1. Levelt (1989: 199) を参照。
2. 序章第2節「コミュニケーション能力とは？：文法能力から心理言語学能力まで」を参照。
3. Bygate (2001)
4. 門田 (2002: 25-26) を参照。
5. 河野 (1992)
6. 門田 (2015: 294)
7. University of Shizuoka Speech Error Databaseという、日本語の誤りデータベースより引用。
8. 門田 (2015：295)
9. Levelt (1989) およびKormos (2006) を参照。
10. 門田 (2012：253) 掲載のKormosの発話産出モデルをもとに簡略化したもの。
11. 自身の発声を聞くこともメタ認知的モニタリングの一種。第5章を参照。
12. Tartter (1998：79) を元に作成。
13. 門田 (2012) および門田ほか (2012: 17) などを参照。
14. ①と②とは、「犬は、一般的に言って、忠実な動物です」という意味ですが、はっきりとした差はありません。定冠詞theを使った③のthe dogは、「犬はすべて」というニュアンスが入ってくるようです。
15. 門田・氏木・伊藤 (2014：98-101) 等を参照。
16. 小池ほか (2003: 547) など。
17. 門田 (2015：129)
18. Morishita, Satoi and Yokokwa (2010)
19. Moon (1997：44) にもとづく。門田ほか (2012：18) より転載。
20. 門田ほか (2012：18) より転載。
21. 門田ほか (2012)

第4章

シャドーイングによるアウトプット産出への効果

1 復唱のルート：伝導失語をベースにしたモデル

　皆さんは失語症という言葉を聞いたことがあるでしょうか。これは先天的な障害ではなく、後天的に、脳内出血、脳梗塞、脳腫瘍などによる大脳の損傷が原因で、言葉の理解・産出・繰り返し（復唱）に障害が出てくることを言います。

　普段私たちは、聞いたり話したりするのは当然のことで、誰もそのプロセスがどうなっているかについてあれこれと思いめぐらすような人はいません。ただ、脳内出血、脳梗塞、脳腫瘍、交通事故による外傷などさまざまな原因で大脳の神経細胞の一部が損傷を受けたりすると、言葉の障害が出てくることがあります。これを**失語症**と呼んでいます。表4-1は、代表的な失語症のタイプとその症候、および主な脳の損傷領域をまとめたものです。

表4-1　代表的な失語症

失語症のタイプ	症候	主要損傷域
ブローカ失語	発話面の障害、非流暢、努力性の言語表出、非構音、文法障害	ブローカ野（運動性言語中枢）
ウェルニッケ失語	理解面の障害、流暢多弁な錯誤性発話、ジャルゴン、音韻性および語性錯誤、新造語	ウェルニッケ野（感覚性言語中枢）
伝導失語	復唱能力の障害、発話は比較的流暢だが自己修正など音韻性錯語	左頭頂葉（特に縁上回）

　上の表からわかるように、**ブローカ失語**には多岐にわたる障害がみられます。基本的には、聞いて理解すること（リスニング）には問題はないのですが、発話（スピーキング）がうまくできない障

害です。これとは反対に**ウェルニッケ失語**は、スピーキングについては流暢多弁で比較的問題がなくできるのですが、相手のことを聞いて理解しようとするとチンプンカンプンです。これら2つの失語以外に代表的なものとして**伝導失語**があります。これは、リスニングやスピーキングは問題ないのですが、不思議なことに、相手の言葉を聞いて繰り返しすること、これのみができない、といった症状を示します。

かつて、ブロードマンという脳研究者は、脳の形態的特徴にもとづいて、BA1〜BA47までの皮質領野番号（脳地図）をつけました。次の図4-1は、この皮質領野番号を表しています。これをみると、ブローカ失語は脳の比較的前方のブローカ野、すなわちBA44、BA45の損傷が原因であると見当がつきます。同様に、ウェルニッケ失語は、ウェルニッケ野、すなわちBA22の損傷が原因で生じます。

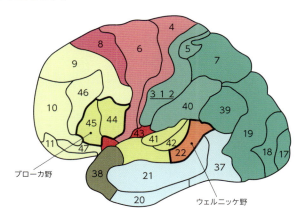

図4-1 ブロードマンの脳地図（皮質領野）

これに対して伝導失語は、復唱（相手の言葉の繰り返し）に限定された障害となります。従来この障害は、ウェルニッケ失語の原因となるウェルニッケ野と、ブローカ失語の原因となるブローカ野を結ぶ弓状束という部分の損傷が原因だと考えられてきました。発話の聞き取り（リスニング）も問題ありませんし、また自らも発話（スピーキング）できることから、ウェルニッケ・ブローカ野間の連絡が絶たれた結果、生じた障害だと推測されたのです。

　しかしながら現在では、ウェルニッケ野が関係している、意味を伴う情報の理解（意味処理）とは別に、音声情報そのものを一時的にワーキングメモリで保存することができないために生じると考えられています。すなわち、聞いた音声を、その意味理解とは切り離して、無意味な音声としていったん保持する、音声の短期的記憶の障害だと言えます。その結果、図4-2のように繰り返しができず、別の発音に代えて発話してしまう「錯語」という現象がみられます。

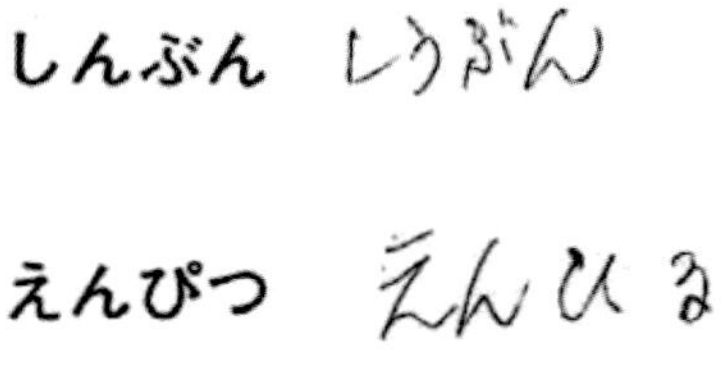

しんぶん　しうぶん

えんぴつ　えんひる

図4-2　伝導失語による音声錯語の例[1]

　上の図は、伝導失語に典型的な、復唱の音声的錯語の例を示したものです。

伝導失語の症例が意味するもの

　以上お話ししたことは、話し言葉の意味の処理とは独立して、それとは別個に、聞こえてきた音声そのものをそのまま一時的に保持するしくみが私たちの脳の中には存在することを示唆しています。このことは、外国語の習得との関連で何を意味するのでしょうか？

　母語以外の外国語音声は、これまで接したことのない、その音声が何を意味するかもわからない未知の音声です。意味のわからないさまざまな音声を聞いて、それらの音声をいったん短期的に記憶して、比較・対照したり、心の中で繰り返し復唱したりすることは、実は新たな言葉を覚える基本的な能力です。このように意味がわからない場合でも、音声を一時的に記憶する能力が、私たちの脳内には存在するのです。そして、この能力だけが選択的に阻害された状態が、伝導失語症です。この能力は未知の言葉の発音を習得する能力そのもので、外国語の習得に極めて重要な役割を担っていると言えます。

単語復唱モデル

　これまで述べてきた伝導失語の症例が熱心に研究されているのは、もちろんそのような障害を持つ患者さんのリハビリや治療に役立てるためです。この観点から、伝導失語の患者を対象に、彼らの障害がどんなレベルにわたっているかを詳細に検討して提案されたのが次に紹介する「単語復唱モデル」です。このモデルからは、単語の復唱の障害といっても決して一様ではなく、さまざまなレベルで出現することがわかります[2]。

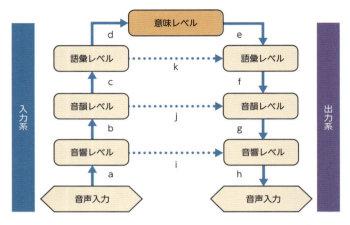

図4-3　各種伝導失語の症例をもとにした、復唱の認知神経心理学モデル[3]

　図4-3は、聞いた単語を復唱するときには、各種のさまざまなルートが関わっていることを教えてくれています。

(1) 音響レベル（図4-3内のa→i→hを経由）

　このレベルの復唱は、オウムや九官鳥のものまねを思い浮かべるとわかりやすいでしょう。聞いた音の強さ、高さ、長さなどの音の物理的な特性をそのままとらえて復唱するものです。これは言葉の音声としてではなく、音節の区別もなく、まったくの「オウム返し（parrot-like）」に発声しているものです。私たちが、初めて聞く未知の外国語の音声を聞いて繰り返すときのルートでもあります。

(2) 音韻レベル（図4-3内のa→b→j→g→hを経由）

　音韻レベルは、言葉の音声の知覚をして、単語の意味の区別を引き起こす音素として、どのようなものが含まれているかについて把握したうえで繰り返す復唱です。

　たとえば、penとpinの/pen/や/pɪn/の発音の違いは、意味の違いを引き起こし、別々の単語をつくるので異なる音韻（あるいは音素）です。ところが、doorの/ɔːəː/や/oːəː/の発音の違いは、発音が変わっても同じdoorという単語です。この違いは、別の単語をつくらない音の違いということで、同じ音素に入ります。

　また、penとcapの/p/は、発音自体はかなり異なります。penの/p/は破裂を伴いますが、capの/p/は音を閉鎖により止めるだけで破裂はありません。しかし、ともに同じ音素です。

　このレベルの復唱は、このような言語の意味の前提になる音韻表象を形成してから復唱しているレベルです。単語の発音の変化をきちんと音素として把握して繰り返すという復唱ルートです。

(3) 語彙レベル (図4-3内のa→b→c→k→f→g→hを経由)

　この語彙レベルの復唱は、聞いた単語音声を特定の単語として認識しつつ復唱するプロセスです。そして、単語単位以上の音声インプットでも、個々の単語に区分けして復唱するレベルです。

　ただし、与えられた単語がどのような意味を持っているかは、よくわからないという場合も含む復唱です。

(4) 意味レベル (図4-3内のa→b→c→d→e→f→g→hを経由)

　聞いた音声インプットの意味をきちんと理解しながら行う本来の復唱です。母語話者は、伝導失語がない限り、ほぼこのような復唱が簡単に行えます。

　このようにインプット音声単語の復唱に、さまざまなレベルがあるということは、ほぼそのまま英語音声のシャドーイングの実行にも同様にさまざまな経路があることを示しています。

シャドーイングトレーニングによる学習

　シャドーイングの学習の最初の段階では、意味もわからないまま音声をひたすら復唱するという、上記 (1) (2) で示した音響・音韻レベルの復唱になりがちです。しかし、その学習に時間をかけて徐々に音声復唱することに慣れてくると、少しずつ復唱の自動化が進み、シャドーイングがだんだんと楽にできるようになります。そうすると、復唱と同時に、聞いた音声の意味も楽しみながら、シャドーイングを実行することが可能になってきます (つまり、(3) (4) の単語・意味レベルに移行します)。

　これが序章で説明した「理解 (聞く)」「概念化 (考える)」「発話 (話す)」をほぼ同時に行う多重 (3重) 処理を特徴とする、現

実のコミュニケーションに役立つスピーキング力をつけるためのシャドーイングトレーニングです。

ここで、第3章で説明したスピーキング（発話産出）のプロセスを思い起こしてください（P.87 図3-1）。スピーキングの概要は、❶話そうと思うメッセージをつくり（概念化）、それを❷言葉という器にのせて（言語化）、❸実際に声に出して発音する（調音）ことです。とするとシャドーイングは、❶のメッセージの生成段階（概念化）とは関係することはありませんが、❷や❸のスピーキングプロセス（言語化と調音）を鍛えるトレーニングになると考えられます。

すなわちシャドーイングは、❸の「音声コード化」や「調音装置」段階のシミュレーションを行うトレーニングであるだけでなく、それらの段階はもちろんのこと、❷「形態・音韻コード化」や「語彙・文法コード化」までも含んだ発話産出（スピーキング）過程を、模擬的に実行（シミュレーション）する効果を含んでいるのではないかと考えられます。

聞こえてきたインプット音声に遅れずひたすら復唱するシャドーイングに、今までお話ししたような効果が本当にあるのかと疑問に思われる方もいるかもしれません。シャドーイングの学習は、当初はスピーキングの「調音装置」やせいぜい「音声化」レベルの効果に限定されると考えられます。しかし復唱自体が次第に自動化して、徐々に復唱そのものに関わる認知負荷が軽減されて楽に復唱できるようになると、状況は変わってきます。「音声化」を超えて、「言語化」レベルのシミュレーション効果をあわせ持つようになると考えることができます。そして、これが、多重処理を特徴とするコミュニケーション能力育成にも関係するスピーキング力につながるのです。

それでは、まず上記❸の「音声コード化」や「調音装置」などの発音段階に対するシャドーイングのトレーニング効果を示す主な研究成果を紹介しましょう。

2 シャドーイングのアウトプット効果：音声化段階

スピーキングの音声化段階に対するシャドーイングの効果は、複数あることが明らかにされています。一般に、英語の個々の母音・子音などの発音を「分節音」と呼びます。これに対し、発話のスピード（速度）、高さ、強さなどを、「プロソディ（韻律）」と呼んでいます。これまでのさまざまな研究で、シャドーイングが、学習者の発音習得への効果でも、特にこのプロソディ面の効果が明らかにされています。

(1) 学習者の発話速度への効果

三宅[4]による研究では、日本人大学生を対象に、次の3種類のモデル音声を用意しました。

- **(a)** 英文テキストをそのまま録音
- **(b)** 同じ英文テキストを句ごとにポーズを置いて録音
- **(c)** 同じ英文テキストを文ごとにポーズを置いて録音

参加した大学生には、(a) の録音音声をもとにシャドーイングを、(b) についてはポーズのある句ごとに (/ の箇所)、(c) ではポーズのある文ごとに (// の箇所)、それぞれ復唱するリピーティングを、計10回ずつ実施してもらいました。10回のうち、1・2回目、5・6回目、9・10回目の復唱で正しく再生できた音節の割

合(再生率)を求めると、まず、次のことがわかりました。

① どの音声録音にもとづく復唱でも、回を重ねるにつれて再生率は上昇していくが、5・6回目以降はあまり向上しない。
② 再生率を比較すると、句単位のリピーティングが最も再生率が高く、次いでシャドーイングで、最も低いのが文単位のリピーティングである。

次に、実験参加者の発話速度(発音時間)が、10回の復唱でどのように変化したかを調べました(図4-4)。

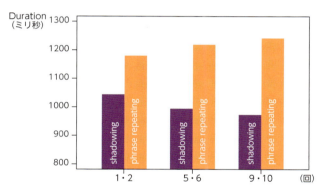

図4-4 シャドーイングおよび句単位のリピーティングの繰り返し効果:発話時間[5]
1・2回目、5・6回目、9・10回目における、シャドーイング(shadowing)と句単位のリピーティング(phrase repeating)の学習者の発音時間の推移を示す。その結果、次のことがわかった。
①シャドーイングについては、1・2回目、5・6回目、9・10回目と繰り返すうちに、徐々に発話時間が短くなっていく。
②句単位のリピーティングでは、逆に1・2回目、5・6回目、9・10回目と、多少だが発話時間が長くなる傾向がある。

この対照的な結果は何を意味しているのでしょうか。シャドーイングでは、何度も繰り返すことで学習者の発話時間が短くなる

のに対し、リピーティングではそのような効果はなく、逆に発話時間がやや長くなる傾向があるのです。このことから、リピーティングと比べて、シャドーイングには学習者の発話速度をはっきりと上げる効果があることがわかります。

　以上の結果は、シャドーイング学習時の発話速度の向上ですが、これがシャドーイングだけでなく、新たな素材の音読などの発音スピードの向上につながることは、さまざまな研究によって明らかになっています[6]。

(2) 音声化段階におけるプロソディに与える効果

　私たちの発話をパソコンに取り込んで分析できるソフトがあります。これを一般に「音声分析ソフト」と呼んでいます。現在、ネット上には、高機能でありながら無料で使える音声分析ソフトがいくつかあります[7]。そのうちの1つが「Praat」です（http://www.fon.hum.uva.nl/praat/ からダウンロードできます）。

　たとえば、次の対話文はシャドーイングトレーニング本[8]に収録されているものです。Aが車を運転中のB（Chris）に話しかけています。

> A：Wow, Chris, look at that house.（わークリス、見てあの家。）
> B：Which one? I just can't look away.（どれ？ 今、目が離せないんだ。）
> A：**There, the one on top of the hill.**（そこ、丘の上にあるやつよ。）

　この対話文におけるボールド体の部分（There, the one on top of the hill.）の発音を、Praatで、英語母語話者（女性）によるCDモデル音声と、モデル音声をシャドーイングした日本人英語学習者（女子大学生）の音声とを比較してみましょう。図4-5から図4-8まで見てください。

　これらの図を見比べてみると、日本人英語学習者のほうは一部復唱できていない箇所もありますが、発話時間や声の大きさは、同程度であることがわかります。

　これに対し、どのような高低変化を持っているかについては、日本人英語学習者に共通した顕著な特徴として、ピッチの高低幅が非常に小さいことが指摘できます。そしてこのことが、日本人の話す英語に一貫してみられる特徴なのです。

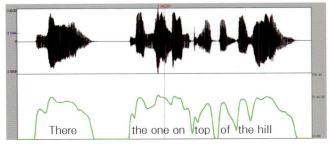

図4-5　英語母語話者（女性）によるモデル音声波形と大きさ

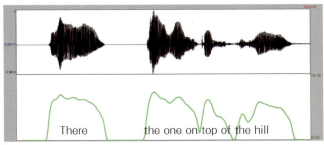

図4-6　日本人英語学習者（女性）によるシャドーイングの音声波形と大きさ

図4-5に英語母語話者（女性）によるモデル音声の音声波形と声の大きさを、図4-6にモデル音声を一度聞いてその後シャドーイングした日本人女子大学生の音声波形と声の大きさを示す。発話時間は、モデル音声もシャドーイング音声も、ともに約2.6秒程度でほぼ同じであった。また、両者の声の大きさ（デシベル：dB）も同程度であることが観察できる。

第4章　シャドーイングによるアウトプット産出への効果

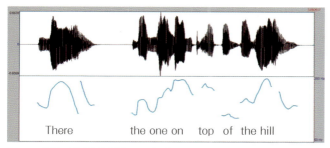

図4-7　英語母語話者（女性）のモデル音声におけるピッチ変化（イントネーション）

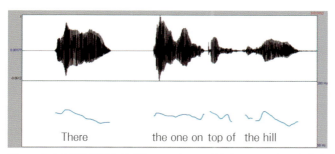

図4-8　日本人英語学習者（女性）のシャドーイング音声におけるピッチ変化（イントネーション）

図4-7と図4-8に同じモデル音声とシャドーイングが、どのような高低変化（イントネーション）を持っているかについて、ピッチ（基本周波数：Hz＜ヘルツ＞）曲線の分析結果を示す。ピッチ（基本周波数）の変化は大きな差があり、モデル音声（図4-7）では、100Hzから190Hzの間で上下に推移し、「there」1語をとってみても、120Hzから180Hz位まで変化している。それに対し、シャドーイング音声では、ほぼ80Hzから110Hz程度の狭い周波数帯で推移し、平板な曲線をつくっている。また、文頭を高いピッチではじめようとする傾向もある。

シャドーイングトレーニングをピッチ幅の修正に役立てる

　このピッチの高低幅の問題に、シャドーイングトレーニングが有効な手立てになるかどうかを検討した研究があります[9]。外国語として英語を学ぶ日本人英語学習者に、約40～70語程度の英文テキストを読み上げた音声素材を、15回ひたすらシャドーイングしてもらいました。そして、そのシャドーイング音声を録音しました。

　その結果わかったことは、シャドーイングを繰り返すと正確に復唱できる単語の割合は、5回程度までは上がっていくことです。言い換えると、5回までのシャドーイングの繰り返しは効果的ですが、それを限度として、それ以上繰り返してもさらに正確にできるようにはなりにくいということです。このことは、素材を5、6回程度シャドーイングした段階で、別の素材に移っていくのが適切だということを示しています。

さらに、この研究では、学習者のシャドーイング音声が、日本人英語学習者の、狭いピッチ幅を広げるのに効果的かどうかについて検討していました。

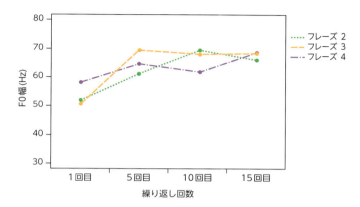

図4-9　シャドーイングの繰り返しによる効果（フレーズ2、3、4におけるF0幅）
図4-9に、シャドーイングの繰り返しにより、「2) I can' eat natto, 3) Thank you very much everyone, 4) Welcome to Australia」の3つのフレーズのピッチ幅がいかに推移しているかを示す。取り上げた、3つのフレーズについては、すべて1回目のシャドーイングから5回目のシャドーイングくらいまでF0幅（図中のY軸）が広くなる（約10〜15Hz）が、それ以降はあまり変化しないことがわかる。

ただ、このようなF0幅の拡大は一部のフレーズでみられたものであり、分析したすべてのフレーズで確認されたわけではありません。しかし、シャドーイングの学習トレーニングによる効果が、発話のピッチ幅に表れることを示唆した、とても興味深い研究です。

シャドーイング＋音読でプロソディを改善する

シャドーイングだけの学習効果ではなく、シャドーイングに音

読をミックスした、大学における10回（10週間）の授業実践の結果をまとめた研究もあります[10]。

この研究対象のクラスでは、①ビデオを素材にした、シャドーイングと音読と実施し、②その後、別の英文をシャドーイング・音読しながら録音し、その録音の発音のチェックを学生自身で行いました。そして、この10回の授業の前後に、音声モデルをまったく提示しないで、文字テキスト（約90語）を単に音読するという事前・事後テストを課しました。これらの音読テストは録音され、その中の2つの節（節1：when it suddenly started raining、節2：I found her sitting next to my seat）について、発音の強さとピッチ変化を計測しました。

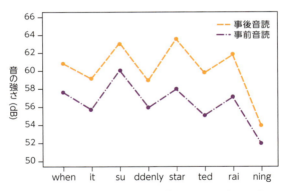

図4-10　事前・事後音読テストにおける音節ごとの音の強さ（単位dB）：節1

第4章　シャドーイングによるアウトプット産出への効果

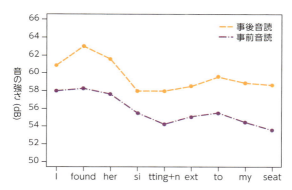

図4-11　事前・事後音読テストにおける音節ごとの音の強さ（単位dB）：節2

図4-10と図4-11は、英文中の2つの節（節1、節2）の発音の強さ（dB）を、単語の音節ごとに事前と事後の音読で比較したもの。節1でも節2でも、ほぼすべての音節において、事後音読ではっきりと発音が大きくなることがわかる。

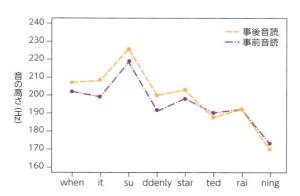

図4-12　節1内の各音節ごとのピッチ（音の高さ）曲線

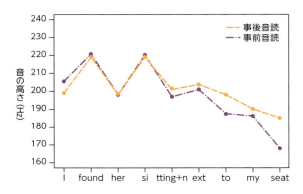

図 4-13　節 2 内の各音節ごとのピッチ（音の高さ）曲線
図 4-12 と図 4-13 に、事前と事後音読の節 1 と節 2 のピッチの変化を示す。各節の前半では、ジグザクのような形をしているが、節の後半では、順次下降している。

　そして、最も高いピッチと低いピッチの差（ピッチ幅節 1、節 2、およびそれぞれの節の末尾の単語（raining と seat）において測定しました。表 4-2 にその結果を示します。

表 4-2　事前と事後の音読におけるピッチ幅（平均値）：節 1・2 と末尾の単語

節1	節1	raining
事前テスト	5.2	3.3
事後テスト	6.5	4.5
節2	節2	seat
事前テスト	6.2	2.2
事後テスト	5.4	3.1

表 4-2 は、節 1・節 2 全体、各節の末尾の単語（raining と seat）の最も高いピッチと低いピッチの差の平均値（単位セミトーン）。各節の末尾の語におけるピッチ幅は事前よりも事後音読において、ピッチ幅が明らかに広がる傾向があるのがわかる。なお、このピッチの分析では、節内や節末尾の語のピッチ変化をうまく捉えるために、高さ Hz（ヘルツ）の数値をもとに、440Hz を 12 段階に分割したセミトーン（半音階）値を算出した。

ここから次のようなことがわかりました。シャドーイングだけではありませんが、それに音読をプラスしたトレーニングにより、学習者が音読の際に自信を持って大きな声で発音するようになり、特に節末語のピッチ幅が拡大するといった効果があることが確認できました。10回の授業実践だけでなく、トレーニングを継続することで、私たち日本人の英語発話のプロソディ（韻律）を明らかに改善する効果がさらに鮮明に現れることが予想できます。

音読時における正しい発音の習得に与える影響

　最後に、日本の中学生を対象に、1か月のシャドーイングの授業終了後に音読を課し、それを日本人英語教師と英語母語話者の2名で全体的に評価した結果について報告した研究もあります[11]。この研究では、シャドーイングトレーニングをしなかった生徒と比べて明らかに有意に高い評価がシャドーイング学習をした生徒のほうに与えられたことがわかりました。シャドーイングが音読時における正しい発音の習得にも大いに効果的であることを明らかにした実践です。

3 シャドーイングのアウトプット効果：言語化段階

　実は、シャドーイングが、スピーキングの「調音段階」ではなく、その前の「言語化段階」をシミュレーションし、それを伸ばす効果があることを直接的に示した研究は、今までのところありません。しかし、シャドーイングにそのような効果があることを予測させるデータが、シャドーイングとしばしば一緒に活用されている音読の効果研究で明らかになっています。

なりきり音読

　音読の学習法のひとつに「なりきり音読」の効果が明らかになっています[12]。これは、英文の音読を少しでもスピーキングに近づけるための方法であると言えます。

　この「なりきり音読」とは、皆さんが英文の主人公になったつもりで、出てくる代名詞をすべて自分に置き換えて行う音読です。たとえば、"From 2011 to 2014, Emma Watson split her time between working on film projects and continuing her education, studying at Brown University and Worcester College, Oxford." という英文であれば、"From 2011 to 2014, I split my time between working on film projects and continuing my education, studying at Brown University and Worcester College, Oxford." のように置き換えて音読します。

　この程度の変更でも結構自分の発話のように思えてくるものです。実際に色々な英文を素材にしてやってみるとわかりますが、機械的にすべての代名詞が変わるわけではないので、内容にかなり留意する必要があります。

　この音読法の効果を調べたのが、次の研究です[13]。高校生を対象に、通常の音読練習のみを行った統制群と、なりきり音読を行

った実験群に分かれていました。そして、音読のあとには、テキストの内容を理解しないと解答できないような質問に答えるタスクも用意されていました。

以上の音読のトレーニングの前後には、英語スピーキングの事前・事後テストを実施しました。コンピュータを駆使した語学学習を行うために設計されたCALL教室で、2つの質問に英語で答えた後、3枚の絵がどんな絵であるか英語で描写する課題を与えました。その後、その発話を各自のPCに録音してもらいました。

通常の音読（統制群に実施）となりきり音読（実験群に実施）の練習は、週4回の授業時に15分ずつ2か月間実施されました。また、事前および事後のスピーキングテストの録音評価では、①文法的な正確さや②内容の評価だけでなく、③発話（スピーキング）時の発音の大きさや④発話速度なども評価されました。

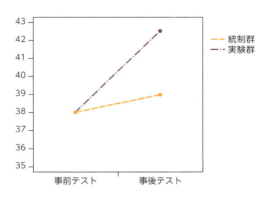

図4-14　統制群および実験群による事前・事後のスピーキングテストの総合評価結果[14]
統制群と実験群の事前・事後の結果は、明らかに、統制群よりも、なりきり音読＋質疑応答の実験群のほうが、総合評価がはるかに高くなることを明らかにしている。

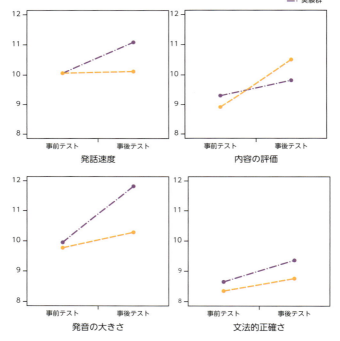

図 4-15　統制群および実験群による事前・事後のスピーキングテスト：発話速度、内容、発音の大きさ、文法的正確さの結果 [15]

図 4-15 に、スピーキングテストの項目別の成績を示す。グラフを見ただけでは、判別しにくいが、統計的検定の結果、実験群と統制群で差のなかったのが発音の大きさと文法的正確さで、明らかな差がみられたのが、発話速度と内容の評価であった。

　これまでの話をまとめましょう。まず、普通に音読トレーニングをするよりも、内容を自分が話しているかのような音読のトレーニングをするだけで、スピーキング能力の向上に確実に貢献することがわかります。とりわけ、スピードの速い発話や中身の伝達力の習得にこのような音読の仕方が役立ちます。著名な歌手、

俳優、大統領などの記事を自分のものとして音読することで、スピーキング力がついてくるのです[16]。

スピーキング力につながるシャドーイング

シャドーイングでも工夫をすることで上記のなりきり音読のようなスピーキングに対する効果をあげることが可能です。ただし、ここで紹介するのは、先ほどの質問に対する答えを自身で話すモノローグ（自発話）ではなく、ダイアローク（やりとり）のスピーキングです。

たとえば、古田[17]による実践研究は、ペアの1人がモデル音声の英語をシャドーイングし、もう1人が相手のシャドーイング音声からキーワードを見つけて繰り返すという、対話（やりとり）能力養成のためのシャドーイング（選択的シャドーイング）を提案しています。

　さらに古田は、相互的シャドーイングという、上記の選択的シャドーイングで、相手の英語からキーワードを見つけて繰り返した後、さらに一言コメントを加える方法を提案しています。

　このような工夫をすることで、やりとりに対応できるスピーキング力をつけることが可能になるのです。

　以上、本章では、シャドーイングが、スピーキングに対してどのような「アウトプット効果」を持つか解説し、スピーキングを伸ばす学習法についてお話ししました。

注

1. 大槻(2012:8)より。ただし、もともとは書字の際の音声錯語の例。門田(2014:99)も参照。
2. 小嶋(2006: 156-168)を参照。
3. 小嶋(2006: 156-168)を元に作成。
4. 三宅(2009)
5. 三宅(2009:57)を引用した門田(2012: 172)を元に作成。
6. 玉井(2005)は、シャドーイングの5日間の短期トレーニングによって、トレーニング対象にしていない40個の書かれた英単語をできるだけ速く発音するスピードが、明らかに向上したことを実証している(門田, 2015:224-226もあわせて参照)。また、黙読時の内的音声へのシャドーイングトレーニングの影響については、第2章第4節を参照。
7. 鈴木・門田(2012:311-312)
8. 玉井(2008)
9. Hori (2008)
10. Mori (2011)を参照。
11. Mochizuki (2004)
12. Yonezaki and Ito (2012)を参照。
13. Yonezaki and Ito (2012)
14. Yonezaki and Ito (2012)を元に作成。
15. Yonezaki and Ito (2012)を元に作成。
16. iOS、Android対応の無料アプリで「VoiceTube」では、YouTube、TED Talks、CNN Student Newsなどの動画を視聴できる。この中に、なりきりシャドーイングのトレーニングビデオがあるので参照されたい(https://jp.voicetube.com/videos/18348)。
17. 古田(2012)

第5章

外国語学習に必須のモニタリング能力

最近、筆者が関係する共同研究で、英語のシャドーイング時に大脳の前頭連合野が一部活性化している可能性が示唆されました[1]。頭の中の前頭連合野という部位には、私たちの認知の過程を見守る実行機能、すなわち**メタ認知**[2]（metacognition）が関係していると言われています。本章では、英語（第二言語）の運用と習得を支えるこのメタ認知について、2つの言語を話すバイリンガル話者や、心の中の情報処理の作業場であるワーキングメモリなど、これまでの研究成果について紹介したいと思います。

1 はじめに：メタ認知とは？

　まず、メタ認知とはどのようなものを指しているのでしょうか？定義としては「自分の行動・考え方などを客観的な眼から見て認識する活動」ということになります。言い換えると、学習や処理をしている自分自身の認知の状態を、第三者的に把握しようとするさらに上位の認知システム[3]に当たります。

　『読む心・書く心』[4]という高校生向けの本の冒頭の節で、教育心理学者の秋田喜代美さんは、次のようなメッセージを読者に向けて捧げています。少し長くなりますが引用します。

> 　それでは、まずはじめに1つ大切なことをお話しします。単に読んだり書いたりするだけではなく、意識して、自分が読んだり書いたりしている姿をふり返り、そのやり方にまずいところはないかを考えてみることです。スポーツでも自分のポーズを鏡に映してフォームを診断しますね。算数だって英語だって練習問題の数をこなすだけではなく、間違ったところや大事なところをとくに注意しますね。それと同じです。やり

> 方だけを覚えるのではなくて、自分の読み方、書き方をふり返ってうまくいくわけやそのための心のしくみを知って取り組むことが肝心なのです。読むことや書くことの心のしくみがわかってくれば、おのずとどうすればいいかがわかってきます。私はこと本を書くにあたっていろいろな本（とくに、「読解力アップのための本」など）を読んでみました。そこで気がついたことがあります。残念なことに、それらの多くの本は、著者の体験から「どうやったらいいか」は書かれているものの、「なぜそうするのか」の説明はきちんと書かれていないということです。

　この「なぜそうするのか」という説明は、上記の「読み・書き」の学習心理だけの問題ではもちろんありません。外国語を学習する際にも、自らの外国語の理解・習得のプロセスを把握して、うまくいっているかいっていないか自身で評価することはとても重要です。これを「モニタリング」とか「モニターする」と言います。そしてうまくいっていないときには、学習のやり方を調整したり、変更したりすることが極めて大切です。このことを、「制御する」「コントロールする」と言います。このモニタリングと制御ができるかどうかは外国語習得の成否を決定的に左右する、まさにキーとなる能力です。

　そしてもっと重要なことは、このような自己の認知活動を監視する能力は、実は何も英語やその他の外国語の習得だけに役立つのではありません。何かの学問分野を修めようとするとき、楽器の演奏、各種スポーツに上達したいと思うとき、さまざまな新たなスキル・領域にチャレンジしていく際に応用して活用できる

ようになります。

図5-1　メタ認知のイメージ

発話プロトコルの研究

　これまで私たちの学習を支えるメタ認知について、学習心理学の分野では、さまざまな方法で研究がなされてきました。とりわけ、学習者に自身の頭の中の学習している様子を実況中継風に言葉で報告してもらう「発話プロトコル」を採取した研究は最もポピュラーです。たとえば、英語のテキストを黙読してもらい、その中に含まれている（　）に入れるべき語を考える問題にクローズテストがあります。

> What (①) the best way to learn a (②)? We know that we all learned (③) own language well when we were (④). Think of what a small child (⑤). It listens to what people say, (⑥) it tries to say what it (⑦). When a child wants something, it (⑧) to ask for it. It talks (⑨) the language and thinks in it (⑩) the time. If people always have (⑪) use a foreign language, they will (⑫) it quickly.

ちなみに正解は次のとおりです。

> ① is ② language ③ our ④ children ⑤ does
> ⑥ and ⑦ hears ⑧ has ⑨ in ⑩ all ⑪ to ⑫ learn

　このようなテスト問題を解いているとき、英語の学習者はどのような情報（文法、意味、前後関係など）を参考にしているのでしょうか。これまでの発話プロトコルの研究[5]から、学習者は、問題を解く際に考えて発話している言葉すべてが、適切で、妥当な自己モニターになっているとは必ずしも言えないことが明らかになっています。それでも、自身の行っている学習プロセスを口頭でこのように外に向けて発話してみることは、皆さんご自身のメタ認知力を高めるのに効果的な手立てです。一度、上記の問題を解きながら、その際に考えていることを声に出して実況中継してみてください。

2 メタ認知にはどのようなものがあるか：知識・モニタリング・コントロール

　ここでもう少し詳しく、メタ認知能力を整理してみましょう。メタ認知を効果的に、英語学習などの課題を実行するときに活用するにはその前提として、まず正しい知識（情報）を持つことが必要です。これを「メタ認知的知識」と呼んでいます。一般に図5-2に挙げているようなものがあります。

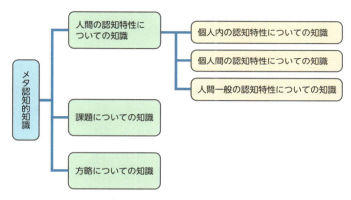

図 5-2　メタ認知的知識[6]

これらを、英語の読み（リーディング）を例に説明してみましょう。

- **人間の認知特性についての知識**：自分自身や他者についての知識です。
  - **個人内の認知特性についての知識**：自分の特性について、「英語のリスニングは苦手だがリーディングは得意だ」といったような知識です。
  - **個人間の認知特性についての知識**：自分と他者などを比較した知識で、「良くんは自分よりも英語の語彙力がすぐれている」といった知識です。
  - **人間一般の認知特性についての知識**：人が持っている一般的な特性についての知識です。「目的を持って英語を読むことは大切だ」といった知識です。
- **課題についての知識**：読みの例では、「未知語が多い英文ほど読みにくい」などがあたります。

- **方略についての知識**:「英文を読む前にタイトルから内容について予測することは重要」といった課題のこなし方についての知識です。

次に、このような知識（情報）を、課題において、正しく活用することが必要です。これを「メタ認知的活動」といい、メタ認知的モニタリングとメタ認知的コントロールがあります。

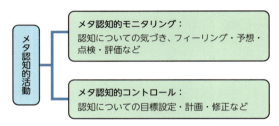

図5-3　メタ認知的活動：メタ認知的モニタリングとメタ認知的コントロール[7]

メタ認知的モニタリングとは、英語リーディングなどの課題を実行しているときに、自分自身の読みや理解がうまくスムーズに進んでいるかどうかを自分自身で感じとって、評価したりすることです。

メタ認知的コントロールは、モニタリングの結果、課題の実行方法を修正したり、再度目標設定を行ったりすることなどを指しています。たとえば、予想以上に英文の内容理解に時間がかかり、最初決めた時間内に到底読み終わらないと判断したときに、次のような修正をすることなどが含まれます。

- 読むスピードを速くする
- すべての語や文を読もうとしないで、重要だと思う文だけを

読んで理解しようとする
- 読みの終了予定時間を延長する

　そして、これらのモニタリングとコントロールは、課題の実行中だけでなく、課題の終了直後に次回読むときのために、自身で反省しながら考えてみることもあるでしょう。再度課題を実行する前にも、以前に英語リーディングをしたときのことを思い出して、次はこうしようとコントロールすることも大切です。

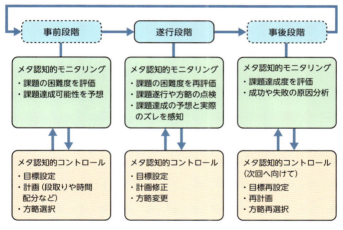

図5-4　課題の実行中・実施後・実施前のメタ認知的活動の比較[8]

　このように、メタ認知的モニタリングとメタ認知的コントロールは、課題を実行する前・中・後に生じるものです。ただ、課題の実行段階では、課題実行そのものに精力を傾けているため、メタ認知的活動を同時に行うのは容易ではありません。
　英語のリーディングならば、読んでいる最中に少し中断して、

読みのモニタリングやコントロールをすることも可能です。しかし、英語のリスニングなどでは、そのような時間的余裕がなく、メタ認知的活動を同時に行うのは困難な場合が多いです[9]。事後や事前段階でのメタ認知的活動が重要になってきます。

この点、シャドーイングの学習課題では、シャドーイング中は皆さん自身のシャドーイング音声が否応なしに聞こえてきます。英語リスニングなどと比べて、課題実行中のメタ認知的活動（モニタリングとコントロール）が、比較的実行しやすいタスクです。この点については、本章の第6節でもう一度詳しく報告することにします。

3 メタ認知と前頭連合野

次にメタ認知を主に担っている、私たちの大脳の前頭連合野について見ていきましょう。

前頭連合野は、大脳の中でも高度な働きをする領域で、思考・学習・推論・情操などの人間らしい行動をつかさどっている部位だと言われています。図5-5は、大脳全体の中で、前頭連合野が占める割合を、ほかの動物と比較したものです[10]。

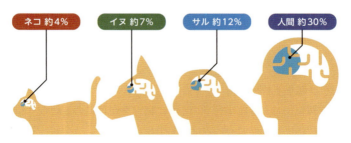

図5-5　大脳全体の中で、前頭連合野が占める割合

人間は、前頭連合野が、大脳皮質全体の約30%を占めています。この点で、ネコ、イヌ、サルなどとまったくその割合が異なります。前頭連合野は人が成人になるまで発達を続け、20歳でほぼ完成し、その後老化とともに衰退し、80歳では20歳のほぼ半分以下にまでなります[11]。

実は、交通事故や脳内出血や脳梗塞、脳腫瘍などの病気で前頭連合野が損傷しても、知能や記憶、言語、感覚、知覚などの能力はほとんど影響されないことが知られています。しかし、「実行機能」と呼ばれる高次の機能に障害が生じます。

ロシアのルリヤという心理学者は、前頭連合野を損傷した患者に、次のような複雑な主題を持った絵を見せ、内容を説明してもらい、その反応を分析しました。皆さんも実際にこの絵を人に見せて説明してもらってみてください。

図5-6　前頭葉損傷患者に提示した、複雑な主題を持った絵[12]

前頭連合野損傷の患者さんは、次のような反応をしたそうです[13]。「用心！」という立て看板から、すぐに「高電圧の電流だ」とか「伝染病地域だ」と決めつけました。また、溺れている人を助けようと走っている人を見て「戦争だ」と言い、教会の塔を見て「クレムリンだ」と話しました。

　このような複雑な主題を持った絵の内容を理解するには、絵を注意深く検討し、その状況について仮説（枠組み）をつくり、その仮説を実際の絵と照合することが必要になります。そうして初めて、氷の中に落ちた子供を助けようとしていることが理解されます。一部の情報にもとづいてつくった断片的な理解を抑制し、それらを更新して全体的に評価し直すことが不可欠なのですが、前頭連合野損傷の患者さんはそれができないというのです。

4 実行機能と前頭連合野

　すでに第2章で説明しましたが、アトキンソンとシフリンによる3段階記憶モデルのうち、「短期記憶」は、その後バッデリー（Baddeley）という心理学者によって「**ワーキングメモリ**（working memory）」と呼ばれる記憶システムに発展的に統合されました。

　ワーキングメモリというのは、私たちが生活している間にいつも働き続けている記憶です。朝身支度をととのえて外出するまでの段取り（例：窓を閉める、電気のコンセントを抜く、財布・時計を持つ、家の鍵を閉めるなど）を1つ1つ覚えておいて、確実に実行しながら出るまで保持しておき、忘れないようにする記憶です。覚えておく必要がある情報を必要な期間だけ意識的に記憶するわけです。

　皆さんがなじんでいる比喩を用いれば、コンピュータの内部に

組み込まれたメモリや、さまざまな書類をおいて作業をする仕事机にあたります。さまざまなアプリケーションソフトを実行したり、各種書類を机の上に置いて、分類・整理して考えたりする場所(うつわ)を提供してくれるのです。

ワーキングメモリは、最も一般的なバッデリーのモデルでは、音韻ループ、視空間スケッチパッド、エピソードバッファという3つのサブシステム、さらにこれらのサブシステムを統括・制御する中央実行系から構成されています。それぞれのサブシステムが、知識に相当する長期記憶中のさまざまな情報（知識）と密接につながっていると考えられています[14]。

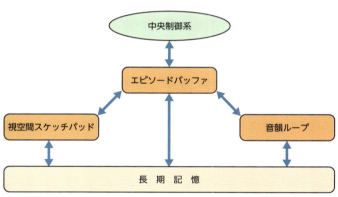

図5-7　バッデリーのワーキングメモリ（working memory）モデル[15]

これまで提案されたワーキングメモリには次のような共通した点があります[16]。

(1) ワーキングメモリにはかなり厳しい容量制限がある

 かつて、ワーキングメモリに一度に記憶できる項目数は、数字、文字、単語などで7±2個であるという説が一般的でした[17]。ところが近年では、一度に無理なく記憶できる項目の数は4±1というのが定説になっています[18]。また、一度に記憶できる素材(文字など)は、時間的には2秒以内であると言われています。これらは、おそらくネットで買い物をするときにクレジットカード番号を入力するなどといった私たちの普段の経験からもうなずく方が多いのではないでしょうか。

(2) ワーキングメモリは、複数のサブシステムおよびサブシステムをコントロールする実行機能に支えられている

 インプットを言語音声として保持する音韻ループ、見た風景や絵を視空間情報として保持する視空間スケッチパッドなど、受け取る情報のドメイン(領域、種類)ごとに別々の保存庫が用意されています。これを「ドメイン固有性」と言います。

 音韻ループは、音声による短期保存庫です。声に出さない内的な音声によるリハーサル(内語反復)をもとに音声を保持するしくみです。

 視空間スケッチパッドは、絵、図形、イメージなどの視覚・空間的な情報を一時的に保存したり、その中で処理(回転させるなど)したりするためのしくみです。これは視覚イメージなど言語化が難しい情報の処理に関わっています。

 また、エピソードバッファは、中央実行系からの指令を受けながら、音声、視空間以外の情報(嗅覚、味覚など)を保持したり、自身の体験などのエピソード記憶をもとにして、ほかのサブシステム内の情報を統合したりする働きを持つと言われています。

これらの働きに対し、インプットを切り替えたり、更新したり、抑制したりすることを、**実行機能**（あるいは**中央実行系機能**）と言います。これは情報の種類にかかわらず、音声、視覚、嗅覚、味覚などの感覚を問わずに実行される機能です。これを「ドメイン一般性」と呼んでいます。

このように、ワーキングメモリはドメインごとの情報の保持とドメイン一般の実行機能を同時並行的に使って、情報の記憶と処理をする場（能力）です。我々が日常的に学習などの際に利用している能力です。

実行機能としては、たとえば、カナダ在住の人に数多くみられる、2言語を話すバイリンガルの人が、話の途中で英語からフランス語に使用言語を変えるのは、「切り替え」タスクの一例です。

これに対し、次々とPC画面に提示される英文字で、現在提示されている文字と、n個（nは2や3など）前の文字が同じかどうかを判断する課題をこなすのは「更新」の例です。

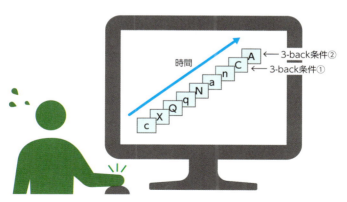

図5-8　更新機能の例：N-back課題[19]

たとえばnが3である場合では、現在提示されている文字がCであれば（条件①）、その3つ前は異なる文字なのでNoと判断することになります。また、提示中の文字が「A」であれば（条件②）、3つ前は「a」なのでYesと判断することになります。

　また、しばしば陥りやすい反応を我慢して「抑制」することもこの実行機能の一種です。サイモン課題という実験があります。この実験では、パソコンのディスプレイの左か右側に、赤丸（●）または緑丸（●）を提示し、丸の位置は気にせず赤色なら、キーボード左側の「x」を、緑色なら右側の「/」を押してもらうように教示します。ディスプレイの左側に赤丸、右側に緑丸という左右が一致する条件よりも、ディスプレイの左側に緑丸、右側に赤丸という不一致（矛盾）条件のほうが、反応の抑制力がさらに必要になり反応が遅くなります。一般にバイリンガルの話者のほうが、モノリンガル話者よりも、このような抑制能力が高く両条件間に大差がないという結果が出ています。

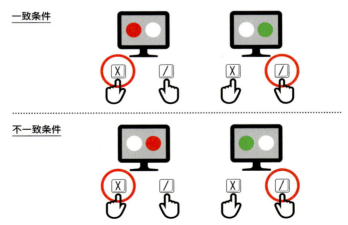

図5-9　抑制機能の例：サイモン課題（上：一致条件、下：不一致条件）[20]

上記のようなカナダ在住のバイリンガル話者でも、英語、フランス語の力が均等でなく、たとえば、フランス語のほうが英語よりも優れているような場合は、英語を話そうとするときにはフランス語が出ないよう抑え、出てこないようにすることが必要です。これも抑制能力の一種です。これらの実行機能は、大脳の前頭連合野によって分担されています。

5 バイリンガルの言語能力と実行機能：モノリンガル vs. バイリンガル

英語などの外国語（第二言語）を学習する際には、母語（日本語）を使うときよりも自動的な処理ができないぶん、ワーキングメモリの容量をいかに配分するかということが重要です。特にキーポイントになるのが、「音韻ループ」と「中央実行系」です[21]。両者は、次のような役割を担っています。

- **音韻ループ**：新たな語彙や定型表現（フォーミュラ）、構文などを長期記憶に転送して内在化する
- **中央実行系**：実行機能を駆使して、第二言語を使用する際のメタ認知的モニタリングやコントロールを行う

すなわち、音韻ループは、耳からや目からの言語インプットを受け取ってそれらを一時的に保持しつつ、すでに長期記憶中にある情報と照合したりしながら、内的音声によるリハーサルを行う場です。そうすることで、内在化、すなわち長期記憶への転送を支えることになります。学習ターゲット言語の単語や、単語と

単語の連なりであるフォーミュラ[22]、さらには文法・構文などをそのまま習得する際に不可欠な存在です。第二言語の新たな知識を増やすためのしくみであると言えます。したがって、初級者など習熟度の低い段階ではとても重要です。

　しかし、だんだんと熟達度が上ってきて、ある程度第二言語でリスニング・リーディングをしたり、スピーキング・ライティングをしたりできるようになると、今度は中央実行系による「実行機能」が極めて大事になってきます。

　一例として英語による即興のスピーチを例にとってみましょう。中級以上の英語力の人が、タイトルを与えられて、2、3分ほど考えてから、すぐに英語でスピーチをするような場面です。このときどのような準備が頭の中で行われているか考えてみましょう。

　まず、話の内容に関係する語彙、表現（フォーミュラなど）、文法知識などを記憶（メンタルレキシコン）中からワーキングメモリに検索して使えるようになっていなくてはなりません。また、実際に文をつくって、それを発音して心の中でリハーサルします。与えられた時間でこのような準備をしてからスピーチを開始します。そのスピーチ中も、話の方向がそれないように常に意識する必要があります。スピーチの展開が、当初意図したような目的から離れていないかもコントロールする必要があります。また、自身の発話を自ら聴いてフィードバックしながら、文法や単語の使い方に誤りがないかチェックもしています。誤りに気づけば直ちに自己修正する必要があります。また、スピーチに集中するためには、聴衆の反応などを過度に気にするなど、不必要なことや余計なことを考えないことも重要です（先に述べた抑制能力の一種です）。

　これらが、本章の中心テーマであるメタ認知的モニタリング機

能で、前頭連合野を中心とするワーキングメモリの中央実行系が重要な役割を果たしています。

6 シャドーイング学習法の副産物：前頭連合野の一部活性化

本節では、本章のはじめで紹介しましたシャドーイングトレーニングが、メタ認知的モニタリングを伸ばすのではないかという研究成果についてやや詳しく紹介します。

近年、人の脳内処理の研究はめざましい発展を遂げています。脳の中の処理を調べる際に使われる機器としては、第1章第4節で述べたfMRIが有名ですが、最近使用されるようになったのに、NIRS（別名：光トポグラフィ）という機器があります。筆者らはこの機器を使って、英語学習者がシャドーイングやリスニングに取り組んでいるときに、脳内の活動を調査しました[23]。

日本人英語学習者（大学生、大学院生）に、p.71に示したような英文テキストの朗読音声をそのままシャドーイングあるいはリスニングをしてもらいました。そして、その際の脳内の活動を、NIRSを用いて計測しました。この装置は、生体に安全な近赤外光を、送光プローブから脳内に照射し、大脳皮質で吸収・散乱を起こした光を受光プローブで集光することで、大脳皮質の神経活動に応じて変化する酸素化ヘモグロビン（oxy-Hb）の相対的変化量をリアルタイムで計測するものです。

図5-10　近赤外光脳機能イメージング装置（NIRS）[24]

図5-11　実験室（防音室）内の様子（左）、プローブを装着して実験実施準備が整った状態（右）

図5-12　防音室内の様子を参照しながら、NIRSデータの計測を見守る共同実験者（左）、NIRS装置（右）

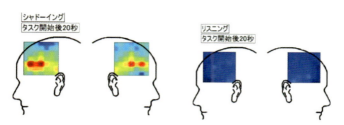

図5-13　シャドーイング、リスニングにおけるNIRS計測データ（左側：左半球、右側：右半球）

実験では、脳波測定のための国際的電極位置を基準に、ブロードマンの脳地図との対応一覧をもとに、左右大脳半球にそれぞれ24ずつ計48のデータ計測チャンネルを配置し、酸素化ヘモグロビンの変化量をもとに脳活動を記録した。図5-13は、シャドーイングおよびリスニング学習の開始後20秒段階における、NIRS計測データ（oxy-Hb）の変化量をグラフィックイメージで表している。なお、計測対象とした大脳左右両半球の各機能領域が、第4章図4-1のブロードマンの脳地図のどの皮質領野を含んでいるかについては、以下のとおりである。

- 運動野関連：一次運動野BA4および前運動野BA6を含む
- ブローカ野関連：BA44およびBA45を含む
- 聴覚野関連：一次聴覚野BA41、BA42を含む
- 前頭連合野関連：BA9、BA10、BA46、BA47を含む

この実験では次のことが明らかになりました[25]。

① 左右どちらの半球とも、リスニングよりもシャドーイングのほうが、全体として、大脳の活性化の程度が大きい（図5-13の赤みがかった領域）。

② 特に、左右のブローカ野（BA44、BA45）で、シャドーイング時のほうがリスニング時の脳内活性化が大きく、また左右運動野（BA4、BA6）、聴覚野（BA41、BA42）でも、シャドーイング時のほうがリスニング時よりも大きい傾向がある。

③ 左右前頭連合野（BA9、BA10、BA46、BA47）の一部で、シャドーイング中のほうがリスニング中よりもより活性化している。

この実験で注目したいのは、上記の③です。前頭連合野で、リスニング時よりもシャドーイング時に、NIRSデータが増加するという傾向がみられます。すでにお話ししたように、前頭連合野がワーキングメモリの中央実行系と関連が強いことを考慮すると、私たちの認知活動がうまく進行しているかどうかをモニタリングしてコントロールする実行機能が、シャドーイング学習時に活動していた可能性が指摘できます。

　すなわち、私たちが英語音声を聞いてその復唱を行うシャドーイングタスクでは、復唱を行うとともに、並行して復唱音声を自ら聞いてフィードバックしています。そしておそらくは、この同時処理のために、自身のシャドーイングがうまくできているかモニターするメタ認知能力がシャドーイングによって鍛えられるのではないでしょうか。そして結果的に、シャドーイング時に前頭連合野が一部活性化することになったと推測できます。

　自分自身の言語処理状況を見つめる眼であるメタ認知能力を養うことは、学習者である皆さんが、いわば自分自身の言語学習状況をモニターする能力を身につけることです。ただ当然のことながら、シャドーイングにこのようなメタ認知を促進させる効果が本当にあるかどうかを確定するには、今後さらに実証的な検証を積み重ねる必要があります。

7　実行機能を鍛える第二言語の学習

　カナダでは英語とフランス語の両方が公用語です。そして、2つの言語を使ってイマージョンプログラムが実施されています。イマージョンプログラムとは、英語のimmersion（浸されること）という言葉どおり、学習対象の外国語を、その外国語の授業の間

だけでなく、ほかの教科の授業でも使用するという教育方法のことです。

カナダ・ヨーク大学に勤める研究者の調査報告によれば、カナダで日常的に2言語を併用しているバイリンガルの人は、1言語のみで生活をしているモノリンガルに比べて、認知症の発症が約4.1年遅くなることがわかりました[26]。

調査は、トロントの記憶診療所を受診したアルツハイマー型など認知症患者184人を対象に行われました。そして、患者の症状の経過と学歴・職業などとの関連性について調べました。その結果、ずっとモノリンガルであった話者91人が認知症を発症した年齢は平均71.4歳であったのに対し、バイリンガル話者93人の認知症の発症年齢は75.5歳が平均であったというのです。

この成果が報告された当初は、「バイリンガルだと認知症の発症が遅くなる理由は、今のところ不明」とされていました。しかしながら、この成果に関心を持った、さまざまな研究者たちは、主に、バイリンガル話者をモノリンガル話者の認知機能と比較するという方法で、さまざまな研究データを次々と報告するようになりました。まとめると、次のようになります。

① バイリンガル話者の2言語における語彙力は、モノリンガル話者よりも少なく、単語を聞いてそこから意味がわかるまでの時間は、モノリンガル話者よりも若干遅い。
② バイリンガル話者は、サイモン課題 (図5-9参照) で、不一致条件と一致条件の差が、モノリンガル話者よりも小さく、反応を抑制する能力が高い。
③ 複数のタスクの同時処理や、反応を切り替えたりするのに長けている。

　つまり、言語処理能力については、モノリンガルに比べるとやや劣る面はあるものの、日常的に2言語を使う人は、脳のさまざまな領域を駆使するとともに、前頭連合野の実行機能がすぐれていることが明らかになっているのです。このことが、認知症の平均発症年齢の差に如実に表れていると言えるでしょう。

　上記のデータは、英語とフランス語という、同じ系統に属する言語のバイリンガルの例でした。日本語と英語のように、系統的にもまったく異なる2言語を日常的に使うバイリンガルであれば、このような認知症発症年齢は、英語・フランス語のバイリンガルよりもさらに遅くなることも予想できます。このことから、言語（ことば）がいわば私たちの脳をつくっているという言い方もできるのです。

注

1 門田ほか（2014）およびKadota et al.（2016）を参照。
2 三宮（2008）
3 門田（2012：350）など。
4 秋田（2003：7-8）
5 Yoshida（1997）
6 三宮（2008）を参照。
7 三宮（2008）を参照。
8 三宮（2008）を参照。
9 三宮（2008：11）
10 寺沢（2009）
11 渡邊（2015）
12 ルリヤ（1978）より。
13 渡邊（2008）
14 バッデリー以外にも、長期記憶の活性化した部分、特に注意の焦点になっている情報を、ワーキングメモリに入っている情報だとみなすモデルもある（Cowan, 1999; Engle et al, 1999など）。これらは、ワーキングメモリを長期記憶の一部だとみなすモデルとなっている。
15 Baddeley（2012：23）を簡略化して掲載。
16 Wenほか（2015：41-62）を参照。
17 Miller（1956）を参照。
18 Cowan（2000）を参照。
19 苧阪（2002）にもとづく。門田（2006：19）を一部修正して作成。
20 Pythonで心理実験 - 例題24-1：十河研究室（http://www.s12600.net/psy/python/24-1.html）の図を元に作成。
21 Wenほか（2015：41-62）
22 本書第3章第4節を参照。
23 門田ほか（2014）
24 研究用光脳機能イメージング装置LABNIRS：株式会社島津製作所（http://www.an.shimadzu.co.jp/bio/nirs/nirs_top.htm）
25 門田ほか（2014）
26 Bialystok et al.（2007）

第6章

シャドーイングの効果的な実践方法

本章では、シャドーイングトレーニングにおいて、その学習順序（ステップ）や、留意点、どういった学習素材が適切であるか、また皆さんのシャドーイング音声をどう評価したらよいかといった学習法について説明します。

1 シャドーイングの学習ステップ

　この節では、門田・玉井[1]や門田・中西[2]の学習書や雑誌記事をもとに、シャドーイングではどのような学習ステップを踏むのがよいか紹介したいと思います。一般に効果的だと言われているのは、図6-1のような手順です。

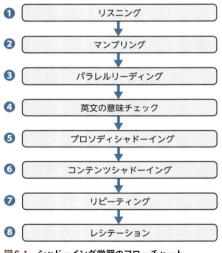

図6-1　シャドーイング学習のフローチャート

ただ、シャドーイングの学習ステップについては、実は色々なバリエーションが考えられます。学習者の個人差も大きいと思います。したがって、皆さんの創意工夫が生かされる部分でもあります。

以下の説明では、シャドーイングの対象とするテキストや録音音声がすでに手元にあるという前提で話を進めます。もしシャドーイングの対象としたい素材がこれといってないという場合は、本章の第3節をまず参照してください。

❶ リスニング

テキストのリスニングです。何も全部聞いてわかるまで繰り返す必要などありません。何度も聞かないと意味がわからない音声ではシャドーイングには難しすぎます。一度聞いてほぼ概要がつかめるものを選んで、まず聞きます。

❷ マンブリング

本格的にシャドーイングに入る前の下稽古(リハーサル)です。声に出すか出さないかの小声で、まずはやってみるという段階です。いきなりシャドーイングをするのは抵抗がある、難しいという

場合に実施します。これで、自分自身シャドーイングが可能な素材であるかどうか判断します。もしだめなら、別のテキストと音声を探します。❶ リスニングと同様、1回チャレンジすれば十分です。

❸ パラレルリーディング

テキストを目で追いながら同時に行うシャドーイングです。音声を聞きながら音読すると言っても差し支えないでしょう。これは、シンクロリーディングとか、テキストシャドーイングと呼ばれることもあります。これならかなり速いスピードの音声（1分間200語程度）でも可能です。パラレルリーディングでは、リスニングやマンブリングで発音の聞き取れなかった箇所を中心にテキストを参照しつつ行います。もしパラレルリーディングの必要がなく、すぐにシャドーイングに行ける場合はもちろん飛ばしていただいて結構です。

ただ、パラレルリーディングといっても、音声とテキストを純粋に同時に処理することはほとんど不可能です。通常は、複数の情報源のうち、1つを選んで注意を向けて処理する選択的注意が自動的に働いてしまいます。(a) テキストの音読に主として従事し

ながら、必要に応じて音声に注意を切り替える、あるいは (b) 音声を聞いて復唱しながら、聞き取れない部分があったら注意を文字テキストに切り替えるなどの操作をする必要があります。これら2つのどちらかを意識的に実行するとよいでしょう。おそらくは、リスニングが得意な人は (b) の方法を、不得意な人ほど (a) の方法を採用するとよいと思います。

❹ 意味チェック

もしわからない単語や構文があれば、必要に応じて辞書を引いて、単語の発音や意味などを調べます。

❺ プロソディシャドーイング

次は、いよいよシャドーイング（プロソディシャドーイング）です。ここでは、英語の発音に注意を向け、それをできるだけそのまま模倣しながら復唱することが重要です。特にリズムやイントネーションなどプロソディ（韻律）[3]に注意します。インプット音声を模倣しないで、日本語式発音や自分なりの発音に変えて復唱することのないように心がけてください。この❺の練習は、可能

な限り、苦もなくできるようになる（ほぼ自動化を達成する）まで練習する必要があります。

❻ コンテンツシャドーイング

コンテンツシャドーイングでは、文の意味内容を楽しみながら、同時に口からすらすらと復唱した音声が出てくる状態になることが目標です[4]。このコンテンツシャドーイングによって、リスニングの入り口である「音声知覚」（第1章第3節）が、ほぼ自動的にできるようになります。

同時に、スピーキングの「言語化段階」（第4章第3節）をシミュレーションするシャドーイングのアウトプット効果を支えるシャドーイングでもあります。コンテンツシャドーイングを繰り返し行うことで、単語の意味や統語（文法）に関する情報を、瞬時に頭の中（メンタルレキシコン）から検索してくることが必要になるからです。このコンテンツシャドーイングが終了したら、シャドーイング学習はいったんは完結します。

しかし、もし時間的に余裕がある、あるいは対象としたテキストや音声がとても気に入ったならば、ぜひ次の❼❽の練習に入

っていきましょう。これらは、十分なシャドーイングのトレーニングを積んだあとで、可能な限り暗誦することを目指した学習です。

❼ リピーティング

まずは、文単位で音声を止めてポーズを置き、いったん記憶（音韻ループ）に入れたチャンク（句や節）を繰り返します（リピーティング）[5]。このリピーティングの仕方についてはさまざまなものがありますが、大切なことは、十分なシャドーイングのトレーニングによって、発音（プロソディを含む）がほぼモデルどおりに再生できる状態からはじめることです。発音が不十分な状態でリピーティングをすると、不正確な日本語的な発音で暗誦してしまう可能性があります。

リピーティングは、英文を覚えるための学習法という趣旨を十分に理解して行うようにしましょう。そうすると、実際にテキストの暗誦につながるとともに、スピーキングに使える語彙、フォーミュラ（定型表現、構文など）を内在化して長期記憶に転送するのを促進してくれます。

リピーティング後は、文頭の主語のみを聞いて、そのあとを続けて発話する練習なども効果的です。また、第4章第3節で紹介しました、「なりきり音読」を応用したリピーティング練習も効果的です。テキストの主人公になったつもりで、代名詞を即座に入れ替えてリピーティングします。これを繰り返して、さらに進んできたら、各センテンスのキーワードのみを聞いて各センテンス全体を発話する練習も、暗誦一歩手前の練習として有効です。

❽ レシテーション（暗誦）

最後に、テキスト全体を苦もなく言えるまで暗誦します。そしてできれば、誰かに暗誦を聞いてもらえるチャンスがあればそれに越したことはありません。その際、ノートパソコンとプロジェクタがあれば、暗誦した英文の内容をもとにPowerPointなどでスライドを作り、パソコンを操作しながら英語によるプレゼンテーション風に暗誦をするのも、英語によるパブリックスピーチの習得

英語を記憶から取り出しながら

に役立ちます。

　一人でやる場合には、自分の暗誦をスマホなどで録音し、将来に向けてその録音を次々と保存・蓄積してデータベース化するのもいいと思います。

　いかがでしょうか？　シャドーイングのトレーニングとしては、上記❻コンテンツシャドーイングで完了ですが、そこで終わらずに、暗誦やスライドを駆使した英語プレゼンまで持っていければ、その英文テキストは皆さんにとって、大きな財産として一生残るはずです。

2 シャドーイング学習の留意点

(1) シャドーイング学習のレベルに合った素材を選ぶ

　シャドーイング学習を実践していくにあたっては、これが一番大切ではないでしょうか。英文テキストの読みやすさ、インプット音声の速度などを考慮し、自分自身、シャドーイングができるかどうか判断して、かなりやさしめの素材、すなわち自分の学力をiとしてそれよりも低い「i-1」「i-2」くらいの素材を選ぶことがポイントです。その際、主として、

① テキストの英文の理解しやすさ
② モデル音声のスピード

という2つの要素があります。

　①については、テキストの英語が読んですぐに意味がわかるようなレベルのものを素材とすることが重要です。また、②のスピ

ードについても、慣れないうちは1分間に100〜120語程度でもきついものです。特に学習の最初の段階では、自分でもシャドーイングができるという成功体験（自信）を積むことが肝要です。それでもまだシャドーイングが難しいと感じる場合は、思い切ってはるかに低い「i‐5」「i‐10」くらいの素材を選んで練習してみてください。

図6-2 素材選びは自身のレベル「i」よりもやさしいもの：「i‐1」「i‐2」あるいは「i‐5」「i‐10」を選ぶ

　素材選びでは、決して背伸びをしないこと、これが重要です。なんでもそうですが、楽しんでやれることが大前提で、勉強だからといって自分を追い込んで苦行を強いないことです。

(2) シャドーイング素材は、興味のある内容で、話し手(ナレーターなど)の声などが気に入ったものを選ぶ

　皆さんのよく知っているジャンル・内容や、興味ある話題を扱った、自分にとって面白いと思える素材を選ぶことも大切です。それだけでなく、声のかわいいナレーターの朗読や、大好きなスターのインタビューなど、話し手を選ぶことも重要です。内容が楽しければ、シャドーイングは続けられます。内容や話し手の声が気に入ったものを選んでください。

(3) できる限りインプット音声に集中してシャドーイングする

　適切なレベルの興味ある素材を選択したら、次は実践です。

　まずは、単語や文の意味がわからなかったり、文や文章の構造がすぐには把握できないものがあっても、それにあまりこだわりすぎないで、インプット音声そのものを楽しみながら復唱に集中することが肝要です。やがてシャドーイングが少しずつ楽になって音声を正確に追いかけられるようになると、余裕ができて自然に単語や文の意味内容も頭に入ってきます。

　もし皆さんが、意味がわからないとどうしてもインプット音声に集中できないと感じたときは、事前に辞書を引いて、テキスト中の意味がわからない単語や文の意味をチェックしてからシャドーイングをはじめてください。このやり方でまったく問題ありません。

(4) リズムやイントネーションなどプロソディに着目してシャドーイングする

　第4章第2節でも説明したように、シャドーイングのトレーニングは英語発音（発話）の際のリズム、イントネーションなどプロソディ（韻律）の習得に効果的であることがわかっています。また、これまでの音声学の研究でも、インプット音声のプロソディが、その理解しやすさを大きく左右することが明らかになっています。

　シャドーイングの際には、音の強さや高さ、長さなどのプロソディに注意しながら、これらに敏感に反応してそのまま真似をするよう心がけましょう。

(5) フォーミュラに注目する

　第3章第4節で、皆さんが英語でスピーキングをしようとするとき、the thing is that …、that reminds me of … などのフォーミュラを活用することで、発話が大いに楽になることを説明しました。シャドーイング素材の英文の中に、上記のようなフォーミュラがあれば、その箇所に着目し、意識して復唱するようにしましょう。フォーミュラを覚えることでスピーキングの言語化段階の軽減し、その実行を楽にすることができます。

　次の英文は、シャドーイングの学習素材ですが、英語のスピーキングをマスターするための方法を紹介したモノローグです[6]。

> Um, there are a couple of ways to approach the speaking English perfectly. The one approach is that, um, you look at your mirror, especially I do that in my presentation class.
> 　（中略）

> The other one is that we use a recording machine, um, just have a very casual recording machine, cassette tape recorder or MD recorder, or whatever it is. The students record their voices in the recording machine, and let them listen to their voices after they record. Then they understand, they discover this part is good, this part is bad.

　この英文の平均発話速度は133.1 wpm (words per minute)、すなわち1分間に133.1語でした。しかし、「whatever it is」の3語については発音スピードがとても速く（発話時間は0.68秒）、なんと264.7 wpmという高速で発音しています。これは、"whatever it is" が、頭の中にそれ全体として蓄えられている「なんでも……、どれであっても……」という意味のフォーミュラだからです。フォーミュラに着目してそれを習得することは、流暢なスピーキングを可能にしてくれるだけでなく、リスニングの際にもその理解度を伸ばしてくれます[7]。

(6) 録音によるフィードバックをする

　これも非常に大切です。たとえば、ICレコーダーやスマホにシャドーイング時の音声を録音します。あるいは、大学や英会話学校でCALL教室やLL教室を使った授業なら、備え付けのパソコンなどに録音してもいいでしょう。そして、自分で自身のシャドーイングのパフォーマンスをチェックし、採点・評価します。

　教室で先生が実施するようなテストのとき、特に厳密な採点が求められるテストなどの場合は、録音を聴きながら1つ1つの単語や音節ごとに綿密に採点する必要があります。しかし普段は、

録音を聞きながらおおざっぱな採点で差し支えありません。だいたいの目安で、それを別に作成した用紙やスマホ・PCなどに記録していきます。そうすると、いつ頃までにどのような語彙レベルのいかなるスピード（wpm）の素材をシャドーイングできるようにしたいといった明確な目標が皆さんの中に芽生えてくると思います。

(7) 最初はテキストを見てもよいが、それはあくまでも本格的なシャドーイングの前段階であると考える

シャドーイングをはじめる前に、1、2回音声素材を聞いてすぐに理解できるかチェックしましょう。もしこの段階でまったくちんぷんかんぷんという場合は、別の素材に変更です。ほぼ理解できるが、一部わからない箇所があるといった場合は、最初はテキストを見ながら、実際に声に出して追従するパラレルリーディングを実践します。そのあとでシャドーイングに移行するとよいでしょう。

(8) 音読と組み合わせる

シャドーイングと音読は共通項も多くあります。シャドーイングは聞こえてきた音声言語をもとにした、また音読は目で見た文字言語をもとにした活動で、そのプロセスの入り口は異なります。しかしながら、次の図6-2のように、どちらも頭の中でどのような発音が含まれているかを認識して心内に表示（これを音韻表象と言います）し、その後、声に出して発音する学習法にかわりありません。

図6-3　シャドーイングとは？　音読とは？

事実、シャドーイングの学習は、中学・高校や大学の英語クラスでは、音読と組み合わせて練習することがよくあります。一般に、音読の練習のみをする場合でも、必ずモデル音声を聞きながら行う、パラレルリーディングを最初に導入することが必須です。そうすることで、音読練習が、シャドーイングのトレーニング的要素を取り込んだものになってきます。

　モデル音声を聞かずにひたすら音読だけを実施すると、音読音声に学習者自身の癖が出てきて我流の発音になってしまったり、日本語の音節構造（子音＋母音の組み合わせ）をそのまま反映した発音になったりしてしまいますので、要注意です。

(9) ポーズの間に復唱するリピーティングにしないで、即座に繰り返す練習を心がける

　すでにこの理由については本書第4章第2節で、実証データを示して解説しました。発話（発音）スピードの向上を達成し、そのあとの潜在学習の促進を可能にしてくれることを考えると、句などの聞いた音声をポーズの間にいったん覚えて行うリピーティングよりも即時的なシャドーイングのほうが、第二言語の流暢性の習得には適していると考えられます。

（10）シャドーイングがうまくできずに、間違えたり、飛ばしてしまったりしても、あまり気にせず立て直して継続する

　外国語（英語）の学習に、間違いはつきものです。筆者は、第二言語学習において、エラーを起こすことは、むしろ習得を促進する「ファシリテーター」であると断言しています[8]。

　シャドーイングにおいても、モデル音声についていけず、飛ばしてしまうこともあるでしょう。でもそれは当たり前だと割り切って、立て直してシャドーイングを継続しましょう。特にシャドーイング学習をはじめた入門期に当てはまることかもしれません。音声を聞き、それをずっと継続して繰り返すということは、通常誰もしません。このタスクに慣れていないためにさまざまな不安や葛藤があるかと思いますが、要は、ストレスをためずに気楽にやること、これが重要です。

(11) 自身のシャドーイングの学習状況を見つめる眼（メタ認知能力）を養う

　本書で提唱している外国語習得を成功に導く4本の柱であるIPOMのMにあたります。シャドーイングを通じて、ご自身のシャドーイング状況をモニタリングして、シャドーイングをうまく実行しているかどうかをチェックして、必要に応じてコントロールする力を身につけましょう。自身のシャドーイング音声にも注目してください。

(12) シャドーイングだけに集中するのではなく、料理や洗濯、散歩をしながら、練習する

　一般に外国語の学習、特に話し言葉の理解や産出のトレーニングをするときは、それだけに集中せず、身体を動かすなど何か別のことと一緒にやると効果的です。特にシャドーイングなどは、散歩やジョギングをしながら、またジムで運動をしながら、練習するととても効果的です。シャドーイングなど言葉の学習と身体の運動はとても共鳴しやすいので相乗効果を発揮し、すぐれた学習効果を生み出します。

3 | シャドーイング学習素材の選び方

(1) シャドーイングトレーニング本

　英語シャドーイングの学習が初めての人は、シャドーイングのトレーニング本を活用するのが最初の一歩になると思います。コラムに挙げたものを参考に、自分に合うものを選んでみてくださ

い（➡ Column）。

　このようなトレーニング本は、初級者〜上級者までをターゲットにしたもの、初級・入門者用に絞ったものなどさまざまなものがあります。また、素材も、単語のシャドーイングからはじまり、短い文、会話、長文、生のニュース英語と徐々に段階的にレベルアップするようなものもあり、色々と工夫されていますので、書店

推奨するシャドーイングトレーニング本　　Column

全般：初級〜上級まで
- 門田修平・玉井健（2017）『決定版英語シャドーイング：改訂新版』コスモピア

入門・初級
- 三宅滋・太田恵子（2012）『日本一やさしい初めてのシャドーイング』成美堂
- 宮野智靖（2017）『新ゼロからスタートシャドーイング　入門編』Jリサーチ出版
- 玉井健（2008）『決定版英語シャドーイング　超入門』コスモピア
- 玉井健（2017）『決定版英語シャドーイング　入門編』コスモピア

中級
- 門田修平・柴原智幸・高瀬敦子・米山明日香（2012）『話せる！英語シャドーイング』コスモピア
- 門田修平・高田哲朗・溝畑保之（2007）『シャドーイングと音読：英語トレーニング』コスモピア
- 玉井健、・中西のりこ（2012）『英語シャドーイング練習帳』コスモピア

上級
- 玉井健（2004）『英語シャドーイング：映画スター編〈Vol.1〉』コスモピア
- 玉井健・西村友美（2005）『英語シャドーイング：映画スター編〈Vol.2〉』コスモピア

でぜひ手にとって見てください。きっと気に入ったものが見つかります。

(2) 多読本を利用したシャドーイング

第1章第2節では、多読・多聴の効果について検討しました。英語多読で、一般によく読まれている本はほぼ次の2種類です[9]。

- 外国人学習者用のグレイデッドリーダー (Graded Reader: **GR**)
- 英語母語の子供用のレベル別リーダー (Leveled Reader: **LR**)

GRは第二言語としての英語学習者用に、**LR**は英語母語話者の子供用に書かれたシリーズです。どのようなシリーズがあるかは古川氏やその他の解説本をご参照ください[10]。これらのリーダーには、どのシリーズにもほぼすべて音声CDがついています。このような多読学習用の付属CDは、シャドーイングのための素材として最適です。

その場合、**GR**も**LR**もその読みやすさレベル (YL：Yomiyasusa Level) を確認することが重要です。**YL**とは、日本人英語学習者にとっての読みやすさを0.0から9.9までの数値にして表したものです[11]。数値が小さいほど読みやすい素材になります。そして、一般にYL0.0〜0.9の本をレベル0の本、YL1.0〜1.9の本をレベル1の本などと概算表記しています。

ただし上記は、あくまでもリーディング用の文字素材の難易度です。リスニング用の難易度はこれとは別に評価する必要があります。まず、音声自体の難易度として、**LL**（リスニングレベル）が考案されています。これは、インプット音声の持つ次の3つの要素をもとに計算します。

① 連結・脱落・同化などの音のくずれ
② 1分間に何語のスピードで話しているかという発話スピード（単位 wpm）
③ ポーズの長さとその数

そしてYLとLL、つまり文字テキストの難易度と音声の難易度を合わせた基準をLLYとして、レベル1から6までが設けられています[12]。

以上のLLYを参考にして多読本のシャドーイングを選ぶ必要があります。皆さんご自身のLLYをチェックしてから、シャドーイングにチャレンジしてください[13]。

(3) インターネット講座

シャドーイングのトレーニングができる学習サイトとして、コスモピアの「eステ」（コスモピアeステーション）があります[14]。

このサイトでは、素材としてリスニング用とリーディング用の両方が、それぞれ「聞くコンテンツ」「読むコンテンツ」としてアップされています。それぞれのコンテンツで6段階の学習者レベルが設定されています。また、扱っている素材のジャンルも、聞くコンテンツでは、フィクション、ノンフィクション、スピーチ、インタビュー、会話、ビジネス、ニュース、文法ですが、読むコンテンツでは、40種類以上の多岐にわたっています。

「聞くコンテンツ」と「読むコンテンツ」の学習の順番（学習手順）は次のようになっています。

図6-4　コスモピア「eステ」のWebサイト[15]

聞くコンテンツの学習手順：
　　リスニング ➡ 意味チェック ➡ 聞き読み ➡ パラレルリーディング ➡ シャドーイング
読むコンテンツ学習手順：
　　リーディング ➡ Reading Quiz ➡ 聞き読み ➡ リスニング ➡ シャドーイング ➡ サマライズ

　上の学習手順のうち、「聞き読み」は、パラレルリーディングと少し似ていますが、聴きながら同時に、声に出さずにテキストの文字を追う学習タスクです。また、「Reading Quiz」は、英文の内容についての簡単な質問が出てきます。そして、最後に「サマライズ」でごく手短にテキストの内容を英語で要約します。ここでおわかりのように、両講座の学習の中心は「シャドーイング」になっています。

(4) スマホのアプリを利用したシャドーイング

　スマホアプリを利用したシャドーイングは、今後ますます多様なコンテンツが用意されると考えられます。ここでは、そのようなコンテンツの一例として、「VoiceTube」というアプリを使ったシャドーイングトレーニングを紹介しましょう。

　VoiceTubeは、iOS、Androidに対応した無料のアプリです。YouTube、TEDトーク、CNN Student Newsなどの動画を視聴できます。速度調整、フレーズリピート、単語検索、録音などの機能が利用できます。

　アプリをダウンロードして起動すると、「学習」画面が表示されます。そして画面を上へスワイプすると、候補の動画を表示できます[16]。

　ここでは、初級（TOEIC250-545）、中級（TOEIC550-780）、上級（TOEIC785-990）の3つのレベルから自分のレベルに合うものを選んで視聴します。ただし初級でも、皆さんの中には難しいと感じる方が多いかもしれません。

　また、カテゴリとして、CNN、BBC、Talk Showsや、TOEIC、TOEFLの勉強用のビデオなど幅広い分野の動画を選択できます。

　トレーニングでは、基本的に、動画の概要をつかむことからはじめ、日英字幕とポップアップ辞書を利用しながら、繰り返し聞いて細部の理解するようにします。その後、パラレルリーディングやシャドーイングのトレーニングに入っていくようにします。シャドーイングを何度か実施したら、今度は録音機能のアイコンを押して、その成果を録音してどれだけできたかを確認します。

図6-5　VoiceTubeの動画をもとにしたシャドーイング学習のイメージ[17]

(5) NHK Eテレ「世界へ発信！SNS英語術」とラジオ第2「世界へ発信！ニュースで英語術」、VOA Special Englishなど

　NHK Eテレ「世界へ発信！SNS英語術」とラジオ第2「世界へ発信！ニュースで英語術」で放送されている最新の英語ニュースを題材にしたシャドーイングトレーニングも可能です。これは、ネットでは、http://www.nhk.or.jp/snsenglish/にアクセスして登録すれば、利用できるようになります。やはり、動画の視聴からはじめて、その後、センテンスごとにシャドーイングができるようになっています。

　特に外国語としての英語の学習者用のニュース英語の学習サイトとしては、VOA Special English[18]、BBC Learning English[19]などはシャドーイング学習に適しいます。やや上級者用として、CNN

Student News[20] などもおすすめです。

4 シャドーイング音声の自己評価法

　最後に、シャドーイング音声を録音して、それを自己採点（評価）する場合の方法をご紹介しましょう。これまで主に次の2つの方法が知られています。

- **音節法**
- **チェックポイント法**

　音節法は、まず素材とする英文テキストのスクリプトをもとに、1音節語はそのままにして、2音節以上の語を音節に分け、その切れ目にハイフンを入れた採点表を印刷して作成します。これをもとに、シャドーイングで再生された、あるいは再生できなかった音節に赤で下線や横線を入れていきます。そして、正しく再生された、あるいは再生できなかったり間違って再生したりした音節数を数えて、（再生音節数÷英文の全音節数）×100を計算して、正答率（％）を出します。

　たとえば次の英文は、2音節以上の語をハイフンでの音節に区切って印字した採点表です[21]（音節の切れ目を入れるのに迷うときは英和辞典で各単語の発音表記を参照にしてください）。

> Most of Ja-pan has mild weath-er, be-cause it is near the o-cean. It is not u-su-al-ly very hot or very cold. But of course this is not al-ways true. Dur-ing the rain-y sea-son it can be un-com-fort-a-bly warm and humid. And in the su-mmer, the weath-er is of-ten too hot. In the win-ter, Hok-kai-do and the north-ern part of Hon-shu are very cold. Win-ters in the west-ern Hon-shu are u-su-al-ly nice with dry, mild, sun-ny weath-er. East-ern and north-ern Hon-shu have more cloud-y days and more rain and snow. In the spring and fall, tem-per-a-tures a-cross Ja-pan are mo-derate, and there are beau-ti-ful things to see in na-ture. In the spring the cher-ry blos-soms bloom. In the fall the leaves change col-ors.

2つ目の**チェックポイント法**は、あらかじめ採点対象となる、単語（音節ではなく）を英文テキストの中から決めておいて、それらが再生できているかどうかによって採点する方法です。

単語の選び方については、テキストごとにあらかじめ意味内容をもとに重要な語を決めておくという方法があります。それは手間がかかるため、もっと簡便な方法として、機械的に5番目ごとの語に下線を引いたりゴチック印刷したりしておき、それが再生できているかどうかで判断するというものが提案されています[22]。

ちなみに、玉井の研究では、380語の英文を素材にした例を挙げていますが、5語ごとにチェックポイントをつくると76か所できることになります。これと上の音節法で採点した結果と相関を求めると、ほぼr=087、0.89という非常に高い相関が得られたと報告しています。さらに、チェックポイントになる語を30か所に減らすと、音節法との相関が、r=0.78から0.71程度に下がると報告

しています。

> Most of Japan has **mild** weather, because it is **near** the ocean. It is **not** usually very hot or **very** cold. But of course **this** is not always true. **During** the rainy season it **can** be uncomfortably warm and **humid**. (以下省略)

　学校の授業で、先生が採点・評価する場合はチェックポイント法を利用し、これにプロソディ（韻律）の自然さに関して5や10段階の全体的評価を加味する方法が最も妥当性が高く、現実的な方法でしょう。

　これらのマニュアル法に加えて近年では、音響工学などの研究成果を踏まえて、シャドーイング音声について、機械による完全自動評定システムを開発しようとする試みもあります[23]。この自動評定と音節ごとに評価する手動スコアとの間には高い相関関係があることが報告されています[24]。今後の、シャドーイングの自動評価システムの進展に大いに期待したいところです。

注

1 門田・玉井（2017）
2 門田・中西（2017）
3 第4章第2節を参照。
4 第4章第1節の図4-3における意味レベルの復唱ルートに相当。
5 「リッスン＆リピート」とも呼ばれる活動である。シャドーイングとの学習効果の違いについては、門田（2012, 2015）などを参照。
6 門田ほか（2012：52）より転載。
7 門田ほか（2012：53）を参照。
8 門田（2014）の提案する、英語上達12のポイントの4「間違うことを恐れるな」を参照。
9 古川（2010：159）を参照
10 『英語多読法』（小学館）、『めざせ！1000万語英語多読完全ブックガイド』、『めざせ！100万語読書記録手帳』、『英語多読入門』（以上、コスモピア）などを参照。また、これらの書籍には、多読と区別して、多聴の学習法についても詳しく紹介している。
11 SSS英語多読研究会が作成した本の読みやすさを判断する基準。
12 https://e-st.cosmopier.com/cp/beginner.php#a1
13 http://www.kikuyomu.com/bm_listen.php
14 https://e-st.cosmopier.com/?redirect=0
15 https://e-st.cosmopier.com/
16 本章の解説はほぼ溝畑（2018）を参考にしている。
17 https://jp.voicetube.com/videos/6190
18 http://www.manythings.org/voa/scripts/
19 http://www.bbc.co.uk/learningenglish/english/
20 http://edition.cnn.com/studentnews/
21 門田・玉井（2004）Unit 2 のテキストをもとに作成。
22 玉井（2005）の研究。
23 東京大学工学部峯松信明氏らによる研究。論文としては、羅ほか（2008）など参照。
24 ほぼ$r=0.79〜0.85$の正の相関があるという結果が出ている。

終章

100万語シャドーイング
のすすめ

1 本書のまとめ

本節では、本書でこれまで述べてきた内容をまとめておきます。

外国語（英語など）を話せるようになる（その習得を成功に導く）ポイントとして、本書の提案は「IPOM」の4つの頭文字でした。すなわち、外国語の「インプット処理（Input processing）」「プラクティス（Practice）」「アウトプット産出（Output production）」「モニタリング（Monitoring）」の4本柱で、これらがそのコミュニケーション能力の習得を決定づける、特に心理言語学的能力を獲得する、キーポイントになることを説明しました。そして、これら4つのポイントを支え、それらの実行を促進するのが、まさに「シャドーイング（shadowing）」のトレーニングなのです。

次の図E-1は、本書でこれまで説明した内容の全体イメージを示しています。

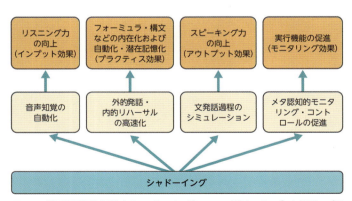

図E-1 外国語習得を促進するシャドーイングの4つの効果：インプット処理・プラクティス・アウトプット産出・モニタリング

本書では、シャドーイングには、次の4つの効果があることを、隣接諸科学や第二言語習得のこれまでの研究成果にもとづいて提示しました。

(1) インプット音声の「模倣・再現」学習により、聞こえてきた外国語音声を捉える能力を鍛え、その知覚を自動化することで、結果的に聞いて理解するリスニング能力を伸ばす効果がある：「**インプット効果**」
(2) 言語インプットに含まれる単語、チャンク（フォーミュラなど）、構文などを、実際に声に出して何度も復唱することで、それらを知識として内在化（インテイク）するのに役立つ、音韻ループ内の内的リハーサルの高速化・効率化が達成される。同時に、シャドーイングによる外的音声復唱も、上記の内的リハーサルと同様の効果を持ち、学習者が意識して意図的に覚えようとしなくても、いつの間にか記憶してしまう潜在学習が生じるようになる：「**プラクティス効果**」
(3) スピーキングにおける文の産出プロセスのうち、「音声コード化」や「調音装置」、さらには「形態・音韻コード化」や「語彙・文法コード化」を含んだ諸段階をシミュレーション（模擬的実行）し、その結果スピーキング能力の習得を促進する：「**アウトプット効果**」
(4) シャドーイング学習では、インプット音声の復唱と同時に、自分自身のシャドーイング音声をほぼ同時並行的に聞いてフィードバックすることになる。このため、自身の第二言語の処理や学習の状況がうまく進んでいるかどうかを常時モニターし、必要に応じてその処理・学習方法を調整しコントロールするメタ認知能力が鍛えられる：「（メタ認知的）**モニタリング効果**」

なお、上で述べた (1) のインプット効果は、すでに第1章で説明したように、音声知覚における「マガーク効果」や「運動理論」などの研究成果によって明らかにされている人の認知特性や、さらには私たちのミラーニューロンシステムによる「模倣」「再現」能力の使用と決して無縁ではありません。むしろ私たちヒトに与えられたこのような特性や能力が、シャドーイングによる外国語音声の「復唱」においても、積極的に活用され機能していると考えられます。だからこそ、シャドーイングが音声知覚能力の習得に効果があるのだと言えるのです。

　また、(2) のプラクティス効果について補足すると、より詳細には、次の3つの効果に細分化できると考えます。

① シャドーイングは、単語・フォーミュラ・構文などの新たな言語項目の記憶・学習を意図したものではありません。単に、外国語のインプット音声をそのまま復唱して、再現するトレーニングです。しかしながら、それが音韻ループにおける内的リハーサルの担う役割を実質的に肩代わりする働きが出てきます。シャドーイングのもともとの目的である、インプット音声をそのまま繰り返して「再現」することが、それとは別の効果として、意識しなくても言語項目がいつの間にか記憶されてしまうのです。これがシャドーイングによる潜在学習効果で、プラクティス効果の1つです。

② また、実際に声に出して復唱（外的リハーサル）を実行しないで、音韻的ワーキングメモリ内で意識的・顕在的に覚え込もうとする場合でも、音韻ループにおける内的リハーサルが高速化することで、より多くの学習項目を効率的に長期記憶に転送できるようになります。

③ さらに、シャドーイングは、実は、語彙・フォーミュラ・構文など新たな言語項目の記憶・学習に効果があるだけではありません。すでにインテイクされ、長期記憶中に入っている知識（顕在的・意識的な言語項目）を検索して取り出す際に、そのプロセスに必要な認知負荷を減らして自動化し、少しでも潜在的な情報（知識）に近づける反復プライミングの効果も、一種のプラクティス効果として期待できます。

　シャドーイングによるプラクティス効果は、実は、以上のような3つに細分化できると考えられます。

　最後に、シャドーイングトレーニングの効果に関する研究としては、これまで、外国語教育や第二言語習得では、もっぱら上記（1）のインプット効果について実証研究や授業実践が行われてきました。しかしながら、**シャドーイングには、（2）プラクティス効果や（3）アウトプット効果、（4）（メタ認知的）モニタリング効果まである**ことを示唆したのは、本書が最初ではないかと思います。その意味で、本書を手にとっていただいた読者の皆さんには、シャドーイングの学習効果について最新の理論や知見を提供できたのではないかと考えています。

2 ｜ 100万語シャドーイングのすすめ

　これまで詳しく解説しましたシャドーイングの4つの効果のうち、（1）（2）（3）については、シャドーイングトレーニングを積むと同時に出てくるわけでは必ずしもありません。インプット音声の知覚の自動化が達成され、新たな言語情報の取り込みが意識的・潜在的な形で可能になってくることで、最終的に発話産出に

も効果が転移していくというような流れ(全体像)が提示できます。すなわち、

(1) **インプット効果**
(2) **プラクティス効果**
(3) **アウトプット効果**

の順に出現すると考えることができるのです[1]。

さらに、リスニング力を伸ばす、シャドーイングの「インプット効果」についても、次の4段階を順次経ることがほぼ明らかになっています[2]。

図E-2 シャドーイングによるインプット効果の4段階[3]

シャドーイングトレーニングを積むと、当然のことですが、インプット音声を正しく復唱する能力がまず発達します。これは皆さんもすぐに予想できるかと思います。そうすると、この復唱能力に引っ張られるかたちで学習者の発音速度が高速化します[4]。これまでの研究から、これら2つの前提となる能力がアップすることによって、リスニング力がつくことが明らかになっています[5]。要するに、復唱能力や発音の高速化によって、インプット音声の「模倣・再現」能力が鍛えられることで、音声の知覚能力が向上する

ことから最終的にリスニング能力が引き上げられるのです。

　以上、3つの効果（インプット・プラクティス・アウトプット）の出現順序や、インプット効果にも発達順序があることを考慮すると、シャドーイングを継続的にトレーニングすることによる、外国語（英語）習得の道筋（ルートマップ）が、おぼろげながらも見えてくるのではないかと思います。

　次の図E-3は、これはすでに優れた効果をあげている100万語多読（さらには多聴）ルートマップ[6]とも呼応するもので、筆者が提唱する「100万語シャドーイングのルートマップ」です[7]。

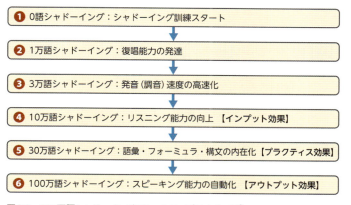

図E-3　100万語シャドーイングのルートマップのイメージ[8]

❶ 0語シャドーイング

いよいよシャドーイングトレーニングのスタートです。最初から、あまり意気込まず、また肩ひじ張らずに、シャドーイングを楽しむつもりで、家事や仕事の合間、通勤時などに、気楽にはじめましょう。

❷ 1万語シャドーイング

　1万語に達した時点では、聞こえてきた音声の模倣・再現トレーニングにより、聞いて繰り返すこと（復唱）に慣れ、だんだんと違和感なくこれができるようになってきます。まずこの「復唱に慣れること」が第1ステップで、これを克服してインプット音声の模倣・再現能力を伸ばすことが重要です。

❸ 3万語シャドーイング

　3万語ぐらいまでトレーニングを継続していくと、復唱することが段々と重荷に感じなくなってきます。そうすると発音（調音）スピードが高速化します。いわば、英語発音が自動化し、軽く口からこぼれてくるように感じるようになります。

❹ 10万語シャドーイング　インプット効果

　この段階（10万語）に到達する頃には、発音速度が上がり、外国語を発音することがほぼ自動化してくるとともに、音声知覚が苦もなくできるようになります。これまでは「読んで理解できる英文でも、聞いたらわからない」ことが多かったのが、徐々に「見て読んでわかる英語は、聞いても完璧にわかる」、そんなリスニング力が身についてきます。音声知覚がほとんど自動化してきている証拠です。

　このように、音声インプットの復唱能力が向上し、皆さん自身の発音が高速化することにより、音声知覚が鍛えられて楽にできる自動化を達成し、リスニング力とリーディング力の間の能力差がなくなります。これがシャドーイングによるインプット効果が達成された段階です。この段階は、その後の飛躍的な英語力の向

上が可能になる前兆でもあります。

❺ 30万語シャドーイング　[プラクティス効果]

30万語を達成する段階では、シャドーイングによるプラクティス効果が具体的にはっきりと現れてきているはずです。この段階までトレーニングを積むことで、新たな語彙（単語）が増え、フォーミュラ（定型表現）、構文などが自然に頭に入ってくるようになります。また、その知識の検索（取り出し）を繰り返し実行することで、徐々に自動化した外国語の運用力がついてきます。

これは、アウトプット（スピーキング）に必要な、上記の言語知識がいつの間にか習得され使用できるようになる潜在的学習段階に達しているということを意味します。多重（3重）処理をその特徴とするコミュニケーションのためのスピーキング能力の獲得に不可欠な段階でもあります。

❻ 100万語シャドーイング　[アウトプット効果]

30万語を超えて、100万語シャドーイングに向かう頃には、シャドーイングが、実際のスピーキング（文発話）の一部をシミュレーション（模擬的実行）するようなアウトプット効果を特に感じるようになります。これまでの❺のプラクティス効果により、無意識的・潜在的に獲得した語彙・定型表現・構文を、実際のコミュニケーションにおいて、意識しないで自動的に活用できる段階です。また、外国語の発話（スピーキング）に、獲得した言語知識が苦もなく生かせるようなった段階で、シャドーイングのシミュレーション効果が達成された段階でもあります。

これがシャドーイングによるコミュニケーション能力獲得のほぼ最終目標段階になると考えられます。プロの同時通訳などにも

チャレンジできるレベルに到達したと言えるでしょう。

3 最後に

　いかがでしたでしょうか。最後に一言。図E-3のルートマップでは、1万語、10万語や30万語といったシャドーイングの語数を、シャドーイングによる外国語（第二言語）の習得段階と対応させる形で記述しています。シャドーイングをベースとした、外国語（第二言語）の習得プロセスに関して、ほぼ図E-3のような全体像が描けることは、これまでの研究成果がもとになっています。しかしながら、1万語、10万語や30万語といったシャドーイングのトレーニング語数は、これまでのシャドーイングに関する実証研究で裏打ちされたような確かな数字ではありません。あくまでも、シャドーイングによる外国語（第二言語）の獲得の道筋（全体像）を踏まえた、おおよその目安（イメージ）であることを、読者の皆さんにはよろしくご了解をお願いしたいと思います。

　さらにまた、「100万語シャドーイング」を目指して、皆さんがシャドーイング語数をカウントする場合、シャドーイングトレーニングの前に実施した、リスニング、聞き読み、パラレルリーディング（シンクロリーディング）などのタスクも、100万語シャドーイングの語数に入れてカウントしてください。あくまでも、シャドーイングトレーニングの一環として、以上のようなタスクを実施しているわけですから…。

　本書を最後までお読みいただいた皆さんには、第二言語習得に関するこれまでの研究成果に照らして、英語など外国語の習得に極めて効果的であることが明らかにされている「シャドーイ

ングによる学習」にぜひチャレンジいただきたいと思います。そのうえで、「知っている」外国語の知識を、「使える」外国語能力に転換されんことを、さらにはこのようにして習得した外国語によるコミュニケーション力を生かして、世界に、そして未来に、大いに羽ばたかれんことを期待しております。

注
1 門田・中西 (2017：30) を参照。
2 玉井 (2005)、門田 (2015：227) を参照。
3 門田 (2015：224-228) および門田・中西 (2017) を参照。
4 本書第4章4.2を参照。
5 玉井 (2005)、門田 (2015：224-228) を参照。
6 コスモピア (2018: 10-11)
7 門田・中西 (2017：30-31)
8 門田・中西 (2017：30-31) を元に作成。

参考文献

秋田喜代美 (2003)『読む心・書く心』京都：北大路書房
Arbib, M. A. (2012) *How the brain got language: The mirror system hypothesis.* New York: Oxford University Press.
Atkinson, R.C. and Shiffrin, R. M. (1968) Human memory: A proposed system and its control processes. In K.W. Spence and J.T. Spence (eds.) *The psychology of learning and motivation: Advances in research theory (Vol. 2)*, pp. 89-195. New York: Academic Press.
Baddeley, A. D. (2012) Working memory: Theories, models, and controversies. *Annual Review of Psychology* 63: 1-29.
Bear, M. F., Connors, B. W., and M. A. Paradiso (2007) *Neuroscience: Exploring the brain.* Philadelphia: Lippincott Williams & Wilkins.
Bialystok, E., Craik, Fergus I.M., Freedman, Morris. (2007) Bilingualism as a protection against the onset of symptoms of dementia. *Neuropsychologia* Volume 45: Issue 2, pp. 459-464.
Bialystok (2015) Bilingualism: Consequences for mind and brain. A Keynote Lecture Delivered at the 60th Annual Conference of the International Linguistic Association. New York: Columbia University Teacher's College.
Bygate, M. (2001) Speaking. In R. Carter and D. Nunan (eds.) *Teaching English to speakers of other languages.* (3rd ed.), pp. 14-20. Cambridge: Cambridge University Press.
コスモピア (2018: 10-11) ゼロ〜30万語、100万語突破のためのルートマップ『多聴多読マガジン』2018年4月号、東京：コスモピア
Cowan, N. (1999) An embedded-process model of working memory. Miyake, A. and Shah, P. (eds.) *Models of working memory: Mechanisms of active maintenance and executive control,* pp. 62-100. New York: Cambridge University Press.
Cowan, N. (2000) The magical number 4 in short-term memory: A reconsideration of mental storage capacity. *Behavioral and Brain Sciences* 24: 87-185.
Dekeyser, R. M. (2007) *Practicein a second language: Perspectives from applied linguistics and cognitive psychology.* Cambridge University Press.
Ebbinghaus, K. (1885) *Uber das Gedachtnis.* Leipzig: Dunker und Humbolt.（宇津木保 訳 (1978)『記憶について』東京：誠信書房）
Engle, R. W., Kane, M. J., and Tuholski, S. W. (1999) Individual differences in working memory capacity and what they tell us about controlled attention, general fluid intelligence, and functions of the prefrontal cortex. Miyake, A.

and Shah, P. (eds.) *Models of working memory: Mechanisms of active maintenance and executive control*, pp. 102-133. New York: Cambridge University Press.

Furukawa, A. (2007) Extensive reading special: Win 3 English books by reading 100 books. November 29, *Daily Yomiuri*, p. 20.

古川昭夫 (2010)『英語多読法』東京：小学館

古川昭夫・伊藤晶子 (2005)『100万語多読入門』東京：コスモピア．

古川昭夫・上田敦子 (2011)『英語多読入門』東京：コスモピア

古田篤子 (2012) 高校生のレメディアルのためのシャドーイングを中心とした教材の開発，JACETリーディング研究会2012年12月研究例会，大阪：関西学院大学

Hori, T. (2008) Exploring shadowing as a method of English pronunciation training. A Doctoral Dissertation Submitted to The Graduate School of Language, Communication and Culture, Kwansei Ggakuin University.

Ibbotson, P. and Tomasello, M. (2016) Language in a new key. *Scientific American*, November: 71-75.

門田修平 (2002)『英語の書きことばと話しことばはいかに関係しているか』東京：くろしお出版

門田修平 (編著) (2003)『英語のメンタルレキシコン：語彙の獲得・処理・学習』東京：松柏社

門田修平 (2006)『第二言語理解の認知メカニズム』東京：くろしお出版

門田修平 (2010)『SLA研究入門』東京：くろしお出版

門田修平 (2012)『シャドーイング・音読と英語習得の科学』東京：コスモピア

門田修平 (2014)『英語上達12のポイント』東京：コスモピア

門田修平 (2015)『シャドーイング・音読と英語コミュニケーションの科学』東京：コスモピア

Kadota, S., Kawasaki, M., Shiki, O., Hase, N., Noro, T., Nakanishi, H. and Kazai, K. (2015) The effect of shadowing on the subvocal rehearsal in L2 reading: A behavioral experiment for Japanese EFL leaners. *Language Education & Technology, 52*, 163-177.

Kadota, S., Kawasaki, M., Shiki, O., Hase, N., Noro, T., Nakanishi, H. and Kazai, K. (2016) Shadowing as a practice in second language acquisition: Psycholinguistic and neurolinguistic viewpoints. A Paper Presented at the PacSLRF 2016 Colloquia. Tokyo: Chuo University.

門田修平・中西のりこ (2017) 聞く力・話す力を鍛える100万語シャドーイング，『多聴多読マガジン』2017年6月号，東京：コスモピア

門田修平・中野陽子・風井浩志・川崎眞理子・氏木道人・中西弘・野呂忠司・長谷尚弥 (2014) 英語シャドーイングが英語読解プロセスに与える影響：近赤外分光法による脳内処理メカニズムの検討, 日本認知科学会第31回大会フラッシュポスター発表，名古屋：名古屋大学

門田修平・野呂忠司・氏木道人 (2010)『英語リーディング指導ハンドブック』東京：大修館

門田修平・柴原智幸・高瀬敦子・米山明日香 (2012)『話せる！ 英語シャドーイング』東京：コスモピア

門田修平・氏木道人・伊藤佳世子 (2014)『決定版　英語エッセイ・ライティング（改訂増補版）』東京：コスモピア

門田修平・高田哲朗・溝畑保之 (2007)『シャドーイングと音読：英語トレーニング』東京：コスモピア

門田修平・玉井健 (2004)『決定版英語シャドーイング』東京：コスモピア

門田修平・玉井健 (2017)『決定版英語シャドーイング：改訂新版』東京：コスモピア

河野守夫 (1992)『英語授業の改造』(改訂版) 東京：東京書籍

小池生夫、河野守夫、田中春美、水谷修、井出祥子、鈴木博、田辺洋二（編）(2003)『応用言語学事典』東京：研究社

小嶋知幸 (2006) 復唱における生理心理学的検討：入力および把持の処理過程を中心に，『高次脳機能研究』26: 156-168.

Kormos, Judit. (2006) *Speech production and second language acquisition*. Mahwah, New Jersey: Lawrence Erlbaum Associates.

Krashen, S. D. (1985) *The input hypothesis: Issues and implications*. London: Longman.

Levelt, W. J. M. (1989) *Speaking: From intention to articulation*. Cambridge, MA: MIT Press.

Liberman, A. M., and Mattingly, I. G. (1989) A specialization for speech perception. *Science 243*: 489-494.

Long, M. (1996) The role of the linguistic environment in second language acquisition. In W. C. Ritchie, and T. K. Bhatica (eds.), *Handbook of Research on Language Acquisition* Vol. 2, pp. 413-68. New York: Academic Press.

ルリヤ (1978)『神経心理学の基礎：脳のはたらき』鹿島晴雄訳, 医学書院

Marcus. G., Vijayan. S., Bandi Rao. S. and Vishton. P. M. (1999) Rule learning by seven-month-old-infants. *Science 283*: 77-80.

Miller, G. A. (1956) The magical number seven plus two: Some limits on our capacity for processing information. *Psychological Review 63*: 81-97.

三宅滋 (2009) 日本人英語学習者の復唱における再生率と発話速度の変化の考察,『ことばの科学研究』10: 51-69. ことばの科学会

Miyake, S. (2009) Cognitive processes in phrase shadowing: Focusing on articulation rate and shadowing latency. *JACET Journal* 48: 15-28.

宮野智靖 (2017)『新ゼロからスタートシャドーイング 入門編』東京：Jリサーチ出版

溝畑保之 (2018) スマホアプリなどを利用したリスニング，鈴木寿一・門田修平 (編著)『英語リスニング指導ハンドブック』東京：大修館書店

Mochizuki, H. (2004) Application of shadowing to TEFL in Japan: The case of junior high school students. A MA Thesis Presented to the Graduate School of Language, Communication and Culture, Kwansei Gakuin University.

Moon, R. (1997) Vocabulary connections: Multi-word items in English. In N. Schmitt and M. McCarthy (eds.). *Vocabulary: Description, acquisition and pedagogy, pp. 40-63*. Cambridge: Cambridge University Press.

Mori, Y. (2011) Shadowing with oral reading: Effects of combined training on the improvement of Japanese EFL learners' prosody. *Language Education and Technology* 48: 1-22.

Morishita, M., Satoi, H., and Yokokawa, H. (2010) Verbal lexical representation of Japanese EFL learners: Syntactic priming during language production. *Journal of the Japan Society for Speech Sciences* 11: 29-43.

Nakanishi, T. and Ueda, A. (2011) Extensive reading and the effect of shadowing. *Reading in a Foreign Language* 23: 1-16.

太田信夫・佐久間康之 (2016)『英語教育学と認知心理学のクロスポイント：小学校から大学までの英語学習を考える』京都：北大路書房

大槻美佳 (2012) 伝導失語の診断，日本高次脳機能障害学会教育・研修委員会 (編)『伝導失語：復唱、STM障害、音韻性錯語』pp. 3-24，東京：新興医学出版

Okamoto, M., Dan, H., Sakamoto, K., Takeo, K., Shimizu, K., Kohno, S., Oda, I., Isobe, S., Suzuki, T., Kohyama, K., and Dana, I. (2004) Three-dimensional probabilistic anatomical cranio-cerebral correlation via the international 10–20 system oriented for transcranial functional brain mapping. *NeuroImage 21*: 99–111。

苧阪満里子 (2002)『脳のメモ帳：ワーキングメモリ』東京：新曜社

羅徳安・下村直也・峯松信明・山内豊・広瀬啓吉 (2008) 外国語学習を対象としたシャドーイング音声の自動評定法に関する検討，電子情報通信学会『電子情報通信学会技術研究報告：音声』116: 55-60.

Rizzolatti, G. and Sinigaglia, C. (2006) *Mirrors in the brain: How our minds share actions and emotions.* Oxford: Oxoford University Press. (茂木健一郎・柴田裕之訳. (2009)『ミラーニューロン』東京：紀伊国屋書店)

三宮真智子 (2008)『メタ認知: 学習力を支える高次認知機能』京都：北大路書房

Swain, M. (1995) Three functions of output in second language learning. In G. Cook and Seidlhofer (eds.), *Principle and Practice in Applied Linguistics*, pp. 125-144. Cambridge: Cambridge University Press.

大修館書店 (2017) 学習指導要領,『英語教育』pp. 62-72. 2017年10月増刊号

高瀬敦子 (2010)『英語多読・多聴指導マニュアル』(英語教育21世紀叢書) 東京：大修館書店

玉井健 (2005)『リスニング指導法としてのシャドーイングの効果に関する研究』東京：風間書房

玉井健 (2008)『決定版英語シャドーイング 超入門 (CD付)』東京：コスモピア

玉井健 (2017)『決定版英語シャドーイング 入門編 (CD付)』東京：コスモピア

玉井健・中西のりこ (2012)『英語シャドーイング練習帳 (CD付)』東京：コスモピア

谷口恵子 (2017)『TOEICリスニング満点コーチが教える3ヶ月で英語耳を作るシャドーイング』東京：プチ・レトル

Tartter, V. C. (1998) *Language and its normal processing.* Thousand Oaks: Sage Publications.

寺尾康 (2002)『言い間違いはどうして起こる?』東京：岩波書店

寺沢宏次 (2009)(監修)『脳の仕組みがわかる本』東京：成美堂出版

Tomasello, M. (2003) *Constructing a language: A usage-based theory of language acquisition.* Cambridge, Massachusetts: Harvard University Press.

Ward, J. (2010) *The student's guide to cognitive neuroscience. (2nd ed.)* New York: Psychology Press.

渡邊正孝 (2008) メタ認知の神経科学的基礎, 三宮真智子 (編著)『メタ認知：学習力を支える高次認知機能』pp. 207-225. 京都：北大路書房

渡邊正孝 (2015) 前頭連合野の仕組みとはたらき, 高次脳機能障害学会第39回学術総会講演, 東京：ベルサール渋谷ファースト

Wilson, S. M., Saygın, A. P., Sereno, M. I. and Iacoboni, M. (2004) Listening to speech activates motor areas involved in speech production. *Nature Neuroscience 7*: 701-702.

Yonezaki, M. and Ito, H. (2012). A study on the effectiveness of oral reading activities to improve speaking ability. *JACET Journal 55*: 93-110.

Yoshida, S. (1997) Strategies in answering cloze items: An analysis of learners' think-aloud protocols. *JACET Bulletin 28*: 207-222.

Wen, Z., Mota, M. B. and McNeill, A. (eds.) (2015) *Working memory in second language acquisition and processing*. Bristol: Multilingual Matters.

索引

数字

3段階記憶モデル	57
100万語シャドーイング	189
〜のルートマップ	191

英字

BBC Learning English	180
CNN Student News	180
fMRI	147
GR	176
IPOM	31, 33, 186
LL	176
LR	176
NIRS	147, 148
VOA Special English	180
VoiceTube	179
YL	176

あ行

あいづち語	81
あいまいさ	80
アウトプット仮説	21, 22
アウトプット効果	20, 32, 187, 194
音声化段階	110
言語化段階	121
アウトプット産出	19
暗示的記憶	75
暗誦	162
言い間違い	81
維持リハーサル	59
イディオム	97
イマージョンプログラム	150
意味記憶	60, 64
意味処理	42
意味チェック	159
意味理解	41
インターネット講座	177
インターフェイスの考え方	64
インタラクション	23
インタラクション仮説	24
インテイク	57
インプット音声	166
インプット仮説	20, 21, 22
インプット効果	20, 32, 187, 190, 193
インプット処理	19
韻律	110
ウェルニッケ失語	102, 103
内語反復	59, 67, 142
永久記憶	75
エピソード記憶	60
エピソードバッファ	141
音韻表象	91, 170
音韻ループ	141, 145
音声言語理解装置	87, 92
音声コード化	87, 91
音声知覚	41
音声知覚の運動理論	46
音声表象	91
音声分析ソフト	112
音節法	181
音読	170

か行

概念化	15, 16
概念化装置	87
学習システム	22
感覚記憶	58
疑似反復プライミング	74

句動詞	97
繰り返し練習	26
グレイデッドリーダー	37, 176
形態・音韻コード化	87, 90
言語化装置	87
顕在記憶	59
語彙処理	42
語彙性判断	94
語彙ネットワーク	88, 89
語彙プライミング	95
語彙・文法コード化	87, 89, 90
コーパス	94
固定フレーズ	97
コンテンツシャドーイング	160
コントロールする	131

さ行

サイレンスフィラー	80
錯語	104
サブボーカルリハーサル	61, 67
視空間スケッチパッド	141
実行機能	139, 143
失語症	102
自動化された顕在知識	66
社会言語学的能力	18
社会認知システム	51
シャドーイング	20, 31, 186
シャドーイング学習	
〜のフローチャート	156
〜の留意点	163
シャドーイングトレーニング	108
シャドーイングトレーニング本	175
シンクロリーディング	158
心的辞書	42, 78
心理言語学的能力	18
スキーマ	42, 43
スキーマ処理	42
スピーキング	79
〜の認知モデル	87
スピーチエラー	81
スマホアプリ	179
制御する	131
精緻化リハーサル	59
世界へ発信！SNS英語術	180
世界へ発信！ニュースで英語術	180
宣言記憶	59, 75
潜在学習	63
潜在記憶	59
前頭連合野	138
相互交流仮説	23
相互作用仮説	23
相互作用本能	51

た行

ターゲット	94
第一言語	11
多重処理	12
多聴	21, 37
多聴の学習素材	40
脱文脈化	75
多読	21, 37
多読プログラムの効果	39
ためらい現象	80
短期記憶	58, 140
単語復唱モデル	105
談話能力	18
チェックポイント法	182
知覚表象システム	60
知識	59
チャンク	96
中央実行系	141, 145
中央実行系機能	143
調音装置	87, 92
聴覚的フィードバック	92
聴覚フィードバック	88
長期記憶	59

つなぎ語	81
定型表現	96
テキストシャドーイング	158
手続き記憶	60
伝導失語	102, 103
伝導失語症	105
等位バイリンガル	33
統計的学習	52
統語プライミング	94
ドメイン一般性	143
ドメイン固有性	142

な行

内在化	57
なりきり音読	122, 161
脳地図	103
ノンインターフェイスの考え方	66

は行

バイリンガル	151
パターン発見学習	52
バッデリー	140
発表語彙	78
発話	15, 16
発話プロトコル	132
話し手	165
パラレルリーディング	158
反復プライミング	26, 73
反復練習	24
光トポグラフィ	147
非宣言記憶	75
非明示的記憶	75
ファシリテーター	172
フォーミュラ	96, 97, 167
複合語	97
復唱	104
プライミング	94
プライム	94
プラクティス	19, 24, 56
プラクティス効果	20, 32, 57, 66, 187, 194
プレハブ	97
ブローカ失語	102
ブロードマン	103
〜の脳地図	103, 149
プロソディ	110, 167
プロソディシャドーイング	159
分節音	110
文法処理	42
文法能力	18
文脈処理	42
方略的能力	18
ポーズ	80
母語	11
母語獲得理論	53
母国語	11

ま行

マガーク効果	45
マンブリング	157
ミラーニューロン	49
ミラーニューロンシステム	48
無声ポーズ	80
明示的記憶	75
メタ認知	27, 130
メタ認知的活動	136
メタ認知的コントロール	30, 31, 136
メタ認知的知識	29, 30, 134, 135
メタ認知的モニタリング	27, 30, 136
メタ認知的モニタリング効果	32, 187
メタ認知能力	173
メンタルレキシコン	42, 60, 78, 88
モーラ	82, 83
黙読タスク	70
モニターする	131
モニタリング	19, 27, 131

| モニタリング効果 | 20, 33, 187 |

や行

| 有声ポーズ | 80 |
| 予行演習 | 25 |

ら行

理解	14, 16
リスニング	41, 157
リスニングレベル	176
リハーサル	25, 59, 61, 142
リピーティング	161
流暢さの欠如	80
流暢なスピーキング	92
レシテーション	162
レベル別リーダー	37, 176
録音によるフィードバック	168

わ行

| ワーキングメモリ | 61, 140 |

著者紹介

門田 修平（かどた しゅうへい）

関西学院大学法学部教授、関西学院大学大学院言語コミュニケーション文化研究科教授。博士（応用言語学）。専門分野は心理言語学、応用言語学、第二言語習得など。特に第二言語としての英語の知覚・処理そして記憶・学習の心的メカニズムについて研究しており、その成果を英語の学習・教育に応用した著書をこれまでも数多く出版している。

サイエンス・アイ新書
SIS-408

http://sciencei.sbcr.jp/

外国語を話せるようになるしくみ
シャドーイングが言語習得を促進するメカニズム

2018年5月25日　初版 第1刷 発行
2020年10月2日　初版 第3刷 発行

編著者	門田 修平
発行者	小川 淳
発行所	SBクリエイティブ株式会社
	〒106-0032　東京都港区六本木2-4-5
	電話：03-5549-1201（営業部）
編集制作	川月 現大
装　丁	宮園 法子
印刷・製本	株式会社シナノ パブリッシング プレス

乱丁・落丁本が万が一ございましたら、小社営業部まで着払いにてご送付ください。送料小社負担にてお取り替えいたします。本書の内容の一部あるいは全部を無断で複写（コピー）することは、かたくお断りいたします。本書の内容に関するご質問等は、小社科学書籍編集部まで必ず書面にてご連絡いただきますようお願いいたします。

本書をお読みになったご意見・ご感想を
下記URL、右記QRコードよりお寄せください。
https://isbn.sbcr.jp/95327/

© 門田修平　2018　Printed in Japan　ISBN 978-4-7973-9532-7

SB Creative